30天，成为接纳的父母

邵一杰 著

中国妇女出版社

图书在版编目（CIP）数据

30天，成为接纳的父母 / 邵一杰著. -- 北京 ：中国妇女出版社，2021.9
ISBN 978-7-5127-2017-6

Ⅰ.①3… Ⅱ.①邵… Ⅲ.①幼儿教育－家庭教育 Ⅳ.①G781

中国版本图书馆CIP数据核字（2021）第144397号

30天，成为接纳的父母

作　　者：邵一杰　著
责任编辑：李一之
封面设计：季晨设计工作室
责任印制：王卫东
出版发行：中国妇女出版社
地　　址：北京市东城区史家胡同甲24号　　邮政编码：100010
电　　话：（010）65133160（发行部）　　65133161（邮购）
网　　址：www.womenbooks.cn
法律顾问：北京市道可特律师事务所
经　　销：各地新华书店
印　　刷：武汉市新华印刷有限责任公司
开　　本：165×235　1/16
印　　张：14.5
字　　数：180千字
版　　次：2021年9月第1版
印　　次：2021年9月第1次
书　　号：ISBN 978-7-5127-2017-6
定　　价：49.80元

10年前，我的大儿子刚刚出生，记得有一天，我跟我的先生闲聊，如很多父母一样，自然而然就谈到了儿子的未来。我轻描淡写地说，儿子将来要考北大。先生很惊讶，问我为什么。我说，北大是所好学校啊。先生说，可是好学校有的是啊，清华也很好，英国的牛津、剑桥，美国的藤校，不都很好吗？我说，不管怎么讲，反正他一定得考上北大。争执不休之后，先生说："你觉得北大这么好，你自己考去啊，不要要求儿子。"这句话犹如当头一棒，敲醒了我。我才猛然发现，我之所以那么期望儿子考上北大，是因为我心中一直有一个"北大梦"，但是阴差阳错，这个梦想没有实现。没有实现的梦想渐渐变成了情结，我竟然在不知不觉中，把自己的情结毫无保留地投射给了孩子，期待儿子去完成我没有实现的梦想。推想下去，我的生命中肯定还有更多的情结，如果我不去调整和改变，也必将投射给孩子，让他背负着我的期望。孩子轻则承载着无限的压力，重则会导致他努力拼搏一生而不知为什么。最要命的是，也许那个期望从一开始就是幼稚而可笑的，比如现在看来，那么多名校摆在那里，孩子承载着我的期望，偏偏只指向北大，岂不是有些可笑？！那一刻，我下定了自我改变的决心，虽然当时我并不知道自己该怎么改变。

后来我非常幸运，进入了早教行业，我的工作是指导家长如何养育和教育孩子。我发现，我接触的家长多数都有类似的问题，就是喜欢把自己的问题投射到孩子身上。一个明明很正常的慢热的孩子，家长总觉得孩子胆子小，怕孩子受欺负，总希望孩子胆子大一些。等我跟家长深入沟通之后，我确定我看到了一个曾经因为胆子小而受委屈不敢表达的家长，因无力改变而成为情结，把自己的问题投射给了孩子。很多家长听完我的课，一下子就明白了，但是真正改变还是挺难的。我见过很多困惑无助的父母，他们带着焦虑和紧张来找我，我想帮助他们，给了他们很多的方法和建议，他们千恩万谢地走了。但是没过多久他们又回来找我，我再一次倾尽所有，告知他们该如何去做，他们又神采奕奕地走了。只是我知道，他们还会回来。所以多年来我一直在思索，如何让这些困惑无助的父母真正完成自我认知和自我成长，养育和教育孩子不再依赖于老师，不再反反复复。

4年前，我生了小儿子，给他制作的手足印上，需要一句父母的祝福语。我看着工作人员给我的一堆参考建议，如“从零岁开始写出精彩人生”“迈好第一步，成功千万步”等，我没有任何感觉。我当时觉得对孩子最美好的祝愿就是简单的一句话——“活出最真实的自己”。从对大儿子投射无限的期望，到对小儿子的衷心祝福，我发现六七年的时间，我已经成长了，我懂得了对孩子来说什么才是最好的爱。父母唯有自己成长了，把孩子当成一个独立的个体去爱，才可能给予孩子真正的爱。回忆自己的成长历程，我发现改变从来不会一蹴而就，而是润物细无声。从一件件小事开始，尝试、实践、改变。一点点积累，终会发生质的飞跃，再回头看，你已经成长起来了。

我把理论和经验细化成一个个家庭作业，安排上过我的课的家长们回家做作业，然后去检查他们的作业。我惊讶地发现，效果惊人的好。我带领大家从“知道”到“做到”，从改变一点点到发生翻天覆地的变化，不可思议的事情正在发生着。所以，我要把这一切过程整理成书，让更多的人看到它，希望大家都能从中受益。

改变和成长是永恒的功课，而做一个身心开放的家长是最重要的前提。来找我咨询的家长，他们的问题再棘手我都不怕，但是如果来找我的家长没有“开放性”，我就会觉得这是最大的问题，会非常棘手。身心开放的家长能够敞开心扉，接受新事物，尝试改变，是能够客观认识世界、走出自我局限的人。这样的人当下有再多的困惑和问题都没关系，他能改变。

敞开心扉，其实是需要真诚和勇气的，越小的孩子开放性越好，他们的内心是完全敞开的，所以，小孩子接受新事物非常快。你给孩子讲什么故事、知识，给他看新奇的东西，他通通都是接受的态度，他不会评判这个好、那个不好，这个应该、那个不应该。但是，随着孩子长大，他会接受一些来自父母和社会的信念、信条。比如，陌生人给的东西不能要，有些人是需要提防的，危险的事情绝对不能做，改变就意味着很大的风险，人与人之间是要保持距离的，等等。伴随着这些信念系统的建立，人的内心就逐渐变得封闭起来，遇到事情就先看符不符合自己的信念系统，符合了就接受，不符合就排斥。可是，大家想一想，如果你的信念系统错了，你再用这套模式继续生活下去，你只会越错越多，无法回归正确。但是，如果我们在接受一些信念系统之后，还能保持身心开放，愿意敞开心扉接受新的东西，就是勇气可嘉的人；愿意抱着“即使错了，我也愿意尝试一下”的态度，就是非常勇敢的人。同时，这样的人会让不一样的信念系统进入自己，改变就可能发生。所以，我特别看重“开放性”这个特质，没有这个特质，人就不能越变越好。

敞开心扉，需要我们减少评判，需要我们跳出个人的主观世界来真正看看客观世界是什么样子。一个孩子哭闹不止，你从自己的角度看孩子，怎么看都是他在无理取闹。但是，如果你能跳出自己的主观判断，站在孩子的角度，你会看到一个需要妈妈关注的孩子。如果你能客观地看待孩子，客观地看待家人，客观地看待同事，你会发现每个人都有优点和缺点，而不是你认为的只有缺点。有很多人觉得亲子关系、夫妻关系、婆媳关系很难相处，就是没有站在客观的角度去看待他人，而是只站在了自己的主观世界，这就是内心封闭的人。内心封闭的人很难看到别人、看到自己之外的真实事物，会在看待事情、对待他人的时候，只从自己的角度出发，一旦自己错了，也非常难改变。

所以，在开始阅读这本书的时候，我真心希望大家能敞开心扉，尝试接受和改变，这样收获会非常大。当然，这本书也是为了帮助大家做一个身心开放的家长而写。认真听故事，完成作业就好了。

这不是一本一次性读完的书，这本书的力量和效果在于每天阅读，并且认真练习当日的作业。这一天需要尽可能多地把注意力集中在作业任务上，这个过程要求我们保持对作业的觉知。日复一日，每一天、每一节课都会帮助你更好地理解孩子，接纳孩子，接纳自己。

这本书是一套作业练习，每天一个作业，一共30天。我们需要先通读一遍这本书。读完整本书之后，从第一天的作业开始做，每天早晨看一遍书中作业，一整天保持思考、觉察，认真完成作业，晚上打卡，记录作业完成情况。

最好的学习方式就是坚持，不要小看一点点感受和改变的发生，量的积累就会导致质的改变。坚持打卡完成作业，这是自我改变之路。30天下来，你会发现这比你听再多的课和看再多的书都有效。

真诚而热情的分享，是学习的推动力。我们可以尝试跟家人、同伴、朋友分享自己的作业，当然最有效的学习是加入我们的学习小组。改变一套信念系统没有那么容易，但是同伴的支持和督促会促进学习和进步。不要急于求成，温和而循序渐进的改变才是最真实而有效的。

也许你会发现，改变可以如此简单。

目录

CONTENTS

第 1 天
回应

作业

今天要第一时间回应孩子。

孩子似乎总是在不合时宜地找大人，要妈妈抱、妈妈陪玩，为此哭闹不止。而你手里也总是有急需解决的事情，总是想赶快忙完手里的活儿，再来解决孩子的需求。结果，你劳心劳力、紧张焦虑，孩子也越来越焦虑不安。为了解决这个问题，今天一整天，你要及时回应孩子，只要孩子有需要，就在第一时间给出回应。把"好的，妈妈知道了"这句话作为回应孩子的开始。

作业故事

我喜欢在讲座的现场让听课的家长做游戏。游戏让人参与其中，有时候比单一的讲解更能深入人心，听课的家长更能理解其中的深意。

有一次，我做一个有关如何沟通的讲座，请现场一位家长站到讲台上，面向大家站立，环视在场的人，但是要求台下人不跟他有眼神的对接和交流，两分钟之后请这位家长分享自己的感受，再有请下一位。无一例外，每个站在讲台上面的人都感觉自己被忽视了，分享的感受都是“冷漠”“不受重视”“很生气，也很紧张”等负面情绪。这就是当一个人得不到回应时的真实感受。当孩子面对我们，得不到我们的回应的时候，他们的感受也是一样的。

讲到“回应”这个课题，我真想加上一个前缀，积极、无条件、及时回应才是最重要的原则。可是很多妈妈都会提出疑问，无条件地及时回应，这样真的好吗？如果我们这样养孩子，孩子会不会被我们惯坏呢？那我们就来分析一下无条件及时回应的重要意义。

心理解析

回应就是反馈，是孩子与成人的互动模式，也可以说，亲子关系的质量完全取决于你如何回应孩子，或者你如何对孩子的语言、行为做出反馈。

每个孩子出生的时候，安全感尚未建立，孩子是在后来的成长过程中，在家长一次又一次的积极反馈中，建立对家长的信任感，从而觉得自己生活的地方是安全的，进而获得安全感。孩子不舒服了，父母及时过来为其更换舒适的衣物；孩子饿了，父母及时过来喂食；孩子伤心难过了，父母及时过来安抚。每当孩子有了需求，父母都及时回应他，孩子会觉得自己很受重视，自己是个重要的人，父母是可以信赖的人，那么他就会因此而获得安全感。

相反，如果孩子有了需求，父母不及时回应，会让孩子陷入迷茫。一方面，他会觉得很委屈，认为妈妈不够爱我，不够爱我的原因，可能是我不够好吧；另一方面，他会觉得很愤怒，认为妈妈不够爱我，妈妈就是不好。毫无疑问，我们是爱孩子的，“让孩子感到妈妈不爱他”并不是我们的初衷。而真实情况可能是，小孩子需要及时得到回应，这会让他有安全感；大孩子需要及时得到回应，这会让他觉得被尊重和重视。

另外，还有一个关于“回应”的重要原则是，“回应孩子”并不等于“满足孩子”。孩子说要妈妈陪着玩，妈妈可以立即回应孩子：“宝贝，妈妈听到了，你想要妈妈抱。很高兴你想让我抱。妈妈洗完碗就去抱你。”妈妈这样做就是及时回应了孩子，但是并没有立即去满足孩子。孩子虽然没有得到“妈妈抱”，但是孩子感受到被重视。

我们有时不及时回应孩子的需求，是因为我们有一个误解，觉得回应孩子就得满足孩子。孩子提出了要求，我们觉得不能满足他的时候，就想方设法转移孩子的注意力，或者假装听不见孩子的要求。只有当我们能满足孩子的要求时，我们才会去回应孩子。这就会让孩子很焦虑，孩子感受到的就是他并不受重视，他的要求并不足以引起家长的注意，家长对他的回应和满足取决于家长的意愿和家长认为的轻重缓急，而不是孩子本身的要求。这样的认知模式一旦形成，会影响孩子一系列的行为。比如，有些孩子特别没有耐心，脾气暴躁，而且随着年龄增长，这种情况越加明显。我们要非常注意这方面的问题。

家长反馈

关于“回应”这个作业，我很受启发，其中最重要的启发就是回应不等于满足。我竟然在家人身上看到了效果。我原本在做家务，先生跟我说家里装修的事情，以前我会一边做家务，一边有一搭没一搭地听他说，或者因为手里的活儿不能马上结束，就很烦躁，脱口而出“没看到我在忙着呢吗”。今天因为要完成作业，我就停下手里的活儿，跟他说：“等一下，我洗完碗你再跟我说，你这样说我听不清楚。”我继续洗碗，先生走了过来，问我：“你今天怎么了？有什么高兴的事情吗？”我说：“怎么了？有什么不一样吗？”他说：“不一样，很不一样。”我笑而不答，原来认真回应真的能给对方尊重的感觉。今天的作业我虽然没有在孩子身上实践，但是我知道了回应的重要意义。

作业日志

今天的作业是否完成：

作业日志

作业感受：

第 2 天
少说“不”

作业

今天只能说三个“不”。

你的家里是否充斥着这样的声音——“宝贝，你不要乱跑。”“你不要打架。”“不要乱丢东西。”“宝贝，你不要看电视了。”……说了那么多的“不”“不要”，结果孩子还是越来越难管理。今天一整天，你要保持觉察的状态，一整天对孩子只说三个“不”，绝不超过三个。

作业故事

有一次在给家长讲课的时候，我让大家做了一个游戏，游戏规则是这样的：“请大家闭上眼睛，脑子中不要想大象，不要想长着长鼻子的大象，不要想长着大耳朵的大象，不要想一头奔跑的大象……你们想到的是什么？”现场的家长们都笑了起来，说自己压抑不住地在想那头大象。

为什么我那么明确地告诉大家不要想大象，可是大家还是管不住自己？原因就是我们的头脑不太容易理解和记住“不”字，因为“不”只是一个否定词，而后面跟随的内容才是实实在在的行动，否定词当然不如实际的行动好理解、好记忆。成人尚且如此，更何况孩子。

我们认真回想一下我们对孩子所说的话——“不要乱跑。”“不要把碗扔地上。”“不要打人。”……孩子脑中听到的会是什么，做出来的行为又会是什么呢？听完这个故事，大家都明白了，对孩子不说“不”、少说“不”多么有意义。

我们对孩子少说“不”，不是对孩子放任不管，不是孩子做错事后我们置之不理，而是用更有技巧、更有效的方式管理孩子。

如果见到孩子跑来跑去很危险，需要对孩子进行管理，但是又不允许说“不”“不要”，你会怎么办呢？我想你会想办法把你的要求明确说出来，比如，“宝宝，你慢慢走。”“宝宝，跟着妈妈一起走好吗？”忘了简单粗暴、毫无用处的“不”和“不要”吧，学会正向积极的引导。这就是今天作业的意义。

心理解析

为什么我们那么容易说出“不”和“不要”？因为说出“不”很简单，这个行为背后反映的是家长并不愿意真诚地教育和引导孩子，只是在施展自己的权威，在努力管控和限制孩子。而“你需要怎么做”“你该如何做”，就需要家长更大的耐心和智慧。所以，说出“不”是轻而易举的事情，但是真正引导和教育孩子就需要我们更大的耐心和智慧。而我们恰恰缺少这方面的能力。

家长反馈

在认真做这个作业的时候，我突然意识到我跟孩子之间互动的一个怪圈。我会习惯性地对孩子说“不”“不要”，有时候孩子会听从，但更多时候他会哭闹，不听从。他哭闹得厉害了，我就于心不忍，自我怀疑，觉得是不是对孩子管得太严了。想想这件事情也没有那么严重，于是就放弃了原则，随孩子去了。事后我又觉得后悔，认为太惯着孩子了。所以，我还是会继续给孩子很多的约束和规则。这是一个怪圈，反反复复不知道怎么做才好。我知道我的问题是说了太多的“不”，立了太多的规则，其实等于没有规则。所以，我会继续认真做这个作业，跳出怪圈。

作业日志

✓ 今天的作业是否完成：

作业日志

✓作业感受：

第3天
告知

作业

今天要明确告知孩子即将发生的事情。

人的焦虑和紧张来源于“不知道接下来会怎么样”和“到底发生了什么事情”，所以，在带养孩子的过程中，一定要告知孩子你要做什么，接下来可能会怎么样。无论孩子多大年龄，都要坚持告知孩子事实。比如，妈妈离开，打针，去医院，吃药，上幼儿园，家人之间发生矛盾，等等。今天一整天，你要坚持把事实明确告知孩子。

作业故事

一位三岁半孩子的妈妈向我咨询，为什么她的孩子那么黏人。根据她的描述，在家里，妈妈走到哪里，孩子就跟到哪里，甚至妈妈上卫生间，孩子也要跟着，根本不像一个三岁半的孩子。后来，通过了解知道，这位妈妈因为怕看到孩子哭，每次上班或者自己有事情离开，总是偷偷地走，不敢让孩子知道。甚至随着孩子长大，变得没有那么好糊弄了，妈妈就和家里人联合起来骗孩子，说带着孩子出去玩，妈妈先去开车，然后就偷偷走掉了。

我们站在孩子的角度想一想，这样的经历真的很可怕——我的妈妈如果不时时刻刻看住，就会偷偷溜走，我就见不到妈妈了。这样的紧张和焦虑情绪会促使孩子时刻保持警惕，不能离开妈妈半步。这样看孩子的过分黏人就很好理解了。长久下来，孩子不仅情绪紧张焦虑，对妈妈失去信任，对周围的人也不容易建立信任感，这对孩子的心理健康会产生非常大的影响。

还有一个孩子，我是在社区保健院看到的，他看起来有五岁多了，应该是来补打疫苗的。孩子本来好好的，刚进门就撕心裂肺地哭，看那个架势就知道孩子非常恐惧打针这件事情，而且孩子根本没有想到今天是来保健院打针的，进了大楼的门才知道要发生什么，以至于孩子在测量身高、体重的时候也一直在反抗，并恐惧地哭。然而，孩子的爸爸和妈妈除了不断埋怨孩子，指责他不够懂事之外，根本没有意识到，恰恰是他们对孩子隐瞒真相，不告知孩子要发生的事情，孩子才会这么恐惧打针。

孩子在很多事情上没有主动权和控制权，如果家长有意隐瞒，孩子不知道将会发生什么，当这件事情突然发生了，他就会产生恐惧，形成对未知事件的恐惧情绪。这样的孩子没有安全感，出现行为问题（黏人、过度紧张）都是很正常的。提前告知，并且如实告知，会让孩子对即将发生的事情有心理准备和预期，有安全感。

心理解析

偷偷隐瞒孩子，或者给孩子一个“善意的谎言”，表面上是家长对孩子的一种爱的表现，是担心孩子害怕和紧张，担心孩子不能承受。但是这背后反映的是家长的自私，本质上是家长无法承受孩子的纠缠和哭闹，不愿意耐心引导孩子成长。把问题藏在下面，终究会引来更大的问题。

直接告知，孩子可能会痛苦，但这种痛是成长之痛，是孩子早晚要面对的，而且会让孩子逐渐学会成长；刻意隐瞒，尽管孩子暂时不痛苦，但是埋下了隐患，这对孩子就是一种伤害，以后甚至无法弥补。所以，请对孩子如实告知，让他去承受和担当吧。

家长反馈

关于“告知”，我一直做得很好。不管去上班还是出门做事，我都会跟孩子打招呼，告诉他。我觉得我的孩子在这方面很有安全感，我要走，他会跟我挥手再见，很少出现非要黏着我、不放我走的情况。

我之所以坚持向孩子告知，源于我小时候的经历：有一天，我的爸爸妈妈要出门，他们就想把我早早哄睡，然后出去。我早早就有感觉，但是忍不住还是睡着了，他们走后我中途醒来，特别惶恐不安。我不知道他们去哪里了，就是感觉特别恐惧。后来我长大了，跟他们说起这件事情，他们竟然完全不记得。

等我有了孩子，我回想起自己的经历，就下定决心，从孩子小时候起，我就要告知他我的离开、出行和安排。我相信孩子是想知道的，我跟他说了，他就不会那么害怕了。

作业日志

今天的作业是否完成：

作业日志

✓ 作业感受：

第4天 拥抱

作业

今天给孩子三个大大的拥抱。

身体的接触，对孩子意义非凡。把孩子抱在怀里，让孩子感受到温暖、包容、爱、接纳和安全。今天一整天，请给孩子三个拥抱，特别是在孩子哭泣的时候，你的拥抱会更有意义。拥抱哭泣的孩子远比拥抱快乐的孩子难，但是拥抱对于哭泣的孩子的意义，远比对于快乐的孩子的意义大。请学会拥抱哭泣的孩子吧。

作业故事

我每天上班都会路过一家幼儿园，这家幼儿园是一家以德语和英语教学为主的国际幼儿园，因此来自欧美国家的孩子特别多。我见到父母来送孩子，几乎每一次都能看到这样温暖的一幕——爸爸妈妈下车后互相拥抱、亲吻一下，然后抱起孩子拥抱、亲吻一下，再把孩子交给幼儿园的老师。这一切动作很自然，一看就知道那是每天都发生的事情。那一刻，我突然被触动了。拥抱是传递爱和表达爱非常重要的方式，而我们在用这种方式表达爱的方面做得往往不太够，主要有两方面的问题。

第一，我们只愿意拥抱孩子，而成人之间很少或者几乎没有相互拥抱的习惯。这就导致一个问题，随着孩子长大，我们和孩子之间的拥抱越来越少，虽然我们还想去抱抱孩子，但是孩子已经不习惯了，因为他可能觉得，拥抱只应发生在大人和孩子之间，而自己已经长大了，再拥抱就非常奇怪了。我亲眼见过我的一个朋友想去拥抱已经上中学的孩子，孩子逃脱了，跟妈妈说了一句："妈妈，我不是小孩子了。"

第二，我们与孩子的拥抱也只发生在我们觉得高兴和完美的那一刻，而在日常和情绪糟糕的时刻，我们无法做到拥抱孩子。这其实是很令人沮丧的，如果拥抱代表着爱，那么我们就是通过这样的事实和肢体语言在告诉孩子，爸爸妈妈对你的爱是有条件的，我们只爱那个高兴、快乐、自信的孩子，而悲伤、难过、不自信的孩子我们根本不爱。这该有多糟糕！

心理解析

身体的拥抱远远胜过千言万语，尤其是当孩子处于愤怒、悲伤、无助、恐惧的情绪中时，任何语言的安慰和帮助都会显得苍白无力，而且容易一不小心好事变坏事，成了一种说教，不仅帮不到孩子，还会引起孩子的反感。但是一个坚实、热情、温暖的拥抱，会给孩子带来满足和力量。所以，学会把拥抱变成家人之间一种日常的自然表达，学会拥抱情绪糟糕的孩子，该有多么重要啊！

家长反馈

拥抱哭泣的孩子，这个作业对我来说真的太有挑战性了。说实话，心情好的时候，我特别喜欢抱孩子，抱过来亲一亲是很正常的事情，可是如果孩子因为什么事哭闹不止，还要我去抱，我就觉得太为难自己了。看到他哭，我特别想逃离，离他远远的。因为有这个作业，我勉为其难留下来抱了抱他，没想到他哭得更厉害了，但哭过之后，孩子安静了下来。我才明白，情绪宣泄的时候有人拥抱和支持，对孩子来说很重要。

作业日志

✓ 今天的作业是否完成：

作业日志

作业感受：

第5天 玩耍

作业

今天让孩子开心大笑10分钟。

开心大笑是孩子心理健康的营养剂。孩子每天是否有无忧无虑、开心大笑的时光？开心大笑会让孩子释放负面情绪，注意力更集中，让孩子更积极乐观，让亲子关系更加融洽。所以，今天你要想办法让孩子开心大笑，而不是把注意力放在游戏的好与坏以及能否让孩子学到更多知识等教育目标上。

作业故事

说实话，我在咨询的过程中见过很多不会玩的成人，他们大部分时间都用来做“正经”的事情，并引以为豪，在心中暗暗地说：“看看你们这些爱玩的人，多么不务正业，大好时光竟然用来玩？”可想而知，这样的成年人做了父母之后，他们大多是不会跟孩子玩耍的。

我见过一位超级认真养育孩子的妈妈，她的孩子从早晨起床到晚上睡觉，都有严格而精密的安排，例如，积木搭多长时间，故事读多长时间，音乐听多长时间。孩子一天下来几乎没有自由玩耍的时间。我看着这位妈妈安排得井然有序、一丝不苟的日程安排表，询问她：“你真的按着这个执行吗？”她回答说：“当然。”我继续问：“那孩子自由玩耍的时间呢？”她说：“搭积木、读故事这些不都是玩吗？孩子不在玩中学些东西，我觉得是浪费时间。”

与之相对的是，我知道有一位爸爸非常会玩，他说自己和孩子玩耍起来，家里的姥姥、姥爷和孩子的妈妈都会觉得太疯狂了。比如：枕头大战，拿起枕头和孩子打仗；模仿秀，孩子做什么，爸爸就跟着学他做什么；把孩子抱起来，轻轻丢在床上；还有追跑、捉迷藏、打枪……孩子最开心的就是和他玩。这位爸爸自豪地说，虽然他每天陪孩子的时间不长，但是孩子跟他关系很好。最重要的是，孩子每天撒欢儿，开心大笑之后，并不会纠缠他，和他一起玩耍一会儿之后就能自己玩去了。

“高手在民间。”这位爸爸道出了养育孩子关键的一点——陪着孩子“疯玩”。每天让孩子开心大笑一会儿，哪怕只有10分钟，孩子的养育会变得更加容易。

心理解析

自由、无拘无束的玩耍是孩子成长中不可或缺的游戏。因为孩子在小的时候语言能力、表达能力有限，他内心的负面感受和情绪是不容易表达和释放的，慢慢积累下来，孩子就容易出现情绪和行为的问题。

如果我们每天给孩子一段“疯玩”的时间，孩子在这个过程中，伴随着开心大笑，负面情绪能够充分表达和释放，自然就会情绪良好，问题状况也会减少。

家长反馈

在完成这个作业的时候，我发现出现了两极分化的现象。有些人觉得这个作业很容易，做起来非常简单；有些人觉得这个作业太难了，怎么刻意做都做不好。

其实我本人就属于后者，我特别爱给孩子读书、讲故事，除此之外我就不会玩。爱玩是孩子的天性，天性是不会消失的，除非人为地不断管束和压抑。如果孩子开心大笑的时候，家长说“女孩子哪能笑成这样，一点儿都不美”，孩子就会慢慢收起笑容；孩子疯玩疯跑得正来劲儿，家长说“这样不对，很危险，太疯了，一定没好事发生”，恐吓和威胁让孩子害怕了，孩子就会慢慢收敛自己的言行举止。这样，孩子的天性就慢慢泯灭了。

TIPS

一个不会玩的成年人，是被家庭和社会规范约束过多的“乖宝宝”，无力为自己调节，也无力为孩子调节。所以，成长和改变要从解放天性开始，如果你实在不知道怎么完成作业，可以跟孩子学，他怎么样，你就怎么样，像孩子一样开心大笑，带领孩子开心大笑，就是完成作业最好的方式。

作业日志

今天的作业是否完成：

作业日志

作业感受：

第6天
专注

作业

今天专注陪伴孩子15分钟。

你似乎一直在陪着孩子，但是手机不离手，眼睛看着别处，心里想着自己的事情。这种人在心不在的陪伴会让孩子倍感忽视和孤独，这就是孩子内心普遍缺少关注的原因。一天中抽出15分钟的时间，积极关注孩子，这15分钟的时间要眼睛、耳朵、身体、心灵都和孩子在一起。

作业故事

为什么会有“专注”这个作业？因为我总结了一下家长提出的孩子各种各样的行为问题，如黏人、磨人、打人、摔东西、吃手、注意力不集中、多动、哭起来没完、有莫名其妙的举动，等等，这些问题80%以上都是因为孩子缺少关注导致的。但很多家长会觉得很冤枉——这怎么可能？我已经24小时在陪伴他了，自从有了孩子，我都没有自己的时间了，他怎么还缺关注？原因就是你的陪伴并不专注，你只是人在孩子身边，但是你的心思和想法却不在孩子身上。

有一位二孩妈妈和我分享过她曾经走的弯路：在女儿们一岁以前，因为她们不会说话，所以妈妈总觉得只要自己在，那就是陪伴了。妈妈把女儿们放在地垫上，给她们扔一堆玩具，自己坐在沙发上刷手机，不是买各种日用品，就是看各种电视剧消磨时间。然而，她一直忽略了女儿吃手指这件事。她知道孩子有口欲期，可是过了那个阶段，女儿仍然在吃手。在妈妈情绪好，逗她们玩的时候，她们会暂时不吃，可一旦让她们自己玩，妈妈在一旁“陪伴”时，她们就立刻把手指塞进嘴里。慢慢地，她们一岁半了，却依然手不离口，妈妈通过网络、书本学习了解才恍然大悟，开始拼命想办法弥补，慢慢戒手机，让每天的高质量陪伴时间越来越多。某一天，她突然尝试着对女儿说："咱们不吃手啦，脏脏的，宝贝会生病，妈妈会心疼、难过。"她们立刻戒掉了，却异常黏人，时时刻刻都要妈妈陪着玩，得目不转睛盯着她们，一旦妈妈不那么专注于她们，她们还会把手往嘴里放。妈妈这才真的知道，女儿需要的陪伴是真正专注的陪伴，吃手指完全是她们的自我安慰和无奈。妈妈忍不住哭了，十分懊悔。后来，她日复一日地努力调整自己，让女儿不光听得到妈妈说爱她们，还能真切感受到妈妈的爱。

心理解析

很多时候我们不够专注，给出的借口都是"我很忙，我实在没有时间"。可是我们忘了，人一旦不专注做事，实际是在浪费更多的时间。

如果一边陪孩子一边玩手机或者用手机处理工作，很多人都会有这样的感觉：我陪孩子半天，真的很累了，可是孩子还是很黏人，依然要我陪着玩；我似乎一天都沉浸在工作中，但是工作还是无休无止，似乎总也做不完。这就是不专注的结果。

孩子非常敏感，他完全清楚你是在敷衍他，还是在专心陪他。如果敷衍孩子，孩子陪伴的需求没有得到满足，就会不断要求陪伴，孩子看起来就是没完没了的黏人宝宝。但是如果你专注陪孩子玩，孩子很快获得满足，之后就会自己玩了。工作也一样，你一心二用处理手头工作，占用了大量的时间，但是因为不够专注，并不能真正解决工作中的问题。如果你有非做不可的工作，请跟孩子说明："对不起，爸爸（妈妈）现在不能陪你玩，手里有工作要做，做完工作就陪你玩。"

有些人做事不专注的状况已经很严重了，甚至变得难以控制，即使没有任何事情的干扰，都很难静下心来专注做事，这本质上是一种内心焦虑、缺乏存在感的表现，是在找各种事情来填充自己，减缓内在的焦虑。所以，专注这个作业，需要不断重复，反复练习，才能得到效果。

家长反馈

当专注于孩子的世界时，我们其实会发觉孩子淘气、调皮捣蛋也很可爱，往往就没有想发脾气的欲望了。正是因为你分心于其他事，分心于太多事，所以很容易因为孩子的一点点小问题而发脾气。本质上，就是你根本看不到孩子真实的样子，一叶障目。"叶"就是那些琐碎的事，很有可能是这些"叶子"惹得你心烦，你因为这些"叶子"而迁怒孩子。我对此深有体会，开始试着慢慢在陪孩子的时候更专注一些，并感受到了变化带来的惊喜。

作业日志

✓今天的作业是否完成：

作业日志

作业感受：

第7天
阅读

作业

今天给孩子读一本绘本，并把阅读变成一种习惯。

孩子特别需要绘本阅读和故事阅读，阅读有非常重要的意义。在绘本阅读的过程中，孩子的语言能力、认知能力、专注力、情绪、想象力、创造力都会得到发展。同时，陪伴阅读也是决定整个家庭教育成败的关键。请不要用故事机、故事App等替代陪伴阅读，今天请陪伴孩子读一本绘本。

作业故事

在接触家长的过程中，我遇到很多妈妈跟我抱怨家里老人或者阿姨照看孩子的问题。她们很担心孩子的成长，但是她们自己工作又很忙，带孩子的时间很少。也有一些人在跟我抱怨其他人带孩子不科学的同时，透露出孩子跟老人和阿姨更亲近，跟自己不亲近，不知道该怎么跟孩子亲近的无力感。我也是一位职场妈妈，我觉得与孩子建立亲密感的一个很重要的秘诀就是，从孩子6个月开始，就坚持给他们读绘本，早早成为一种习惯。孩子们最享受的时光就是我给他们读绘本的时光。所以我把培养孩子阅读的习惯总结如下，希望对大家有帮助。

我们要认清绘本阅读的重要性，从亲子关系的角度，增加亲子之间的交流和互动。有时候亲子之间的游戏挺难为家长的，比如“玩耍”这个作业，很多人都心有余而力不足，可是阅读是很容易的事情，拿起一本书，读给孩子听，不需要你声情并茂，孩子都喜欢。同时，从孩子语言、认知、情绪发展来看，阅读无疑是促进孩子这些能力快速发展的方法。

有人说，我尝试给孩子读书，但是他不喜欢，我也没办法。

对此，我想建议你再从心底深处重新认识一下阅读的重要性，然后下定决心，帮助孩子养成阅读的习惯。有时候，我们抱怨孩子不喜欢，其实反映了我们并没有坚持的事实，并没有从内心深处觉得这件事重要。今天孩子能听你讲故事1分钟，只要你坚持，一周之后就能听你讲故事3分钟，循序渐进，孩子就有阅读习惯了。

有人说，我给孩子讲故事，他总是不能耐心听完，会跳跃性地翻看。对此，我想说亲子阅读可以从游戏开始，把故事书当成一个互动的工具，跟孩子玩起来。也可以把自己融入故事情境中去，当我们读到“小虫子爬呀爬”时，可以用手指在孩子的后背做虫子爬呀爬的动作，让孩子更加理解书的内容并产生连接。久而久之，孩子就会对书中内容产生兴趣，形成好的阅读习惯。

有人说，孩子什么时候可以自己看书啊？不需要我来陪了该多好！亲子阅读除了可以培养阅读习惯之外，还有培养亲子关系的重要意义，能跟孩子一起阅读，是了解孩子的能力和心理发展非常重要的手段，不要急于把孩子推出去。当然，如果我们坚持重复阅读，把一本书多看几遍，让孩子对书中内容了如指掌，更容易帮助孩子独立阅读。

有人说，我给孩子读了不少书，也没见他有什么明显进步的地方。请这样的家长千万不要着急，润物细无声，但凡对孩子产生深远意义的事情其实都是悄悄发生的，一眼就能看到的变化反而不是什么好现象，因为这违背孩子的发展规律。我们帮助孩子养成了阅读习惯，就是给孩子打开了一扇门，孩子会受益一生。

心理解析

养育孩子，虽然要尽我们最大所能爱孩子，给予孩子，引领孩子，但是因为我们自身能力的限制，并不能真正带给孩子我们所未知的世界。

人生路程犹如登山，如果我们在山脚下，如何给孩子描绘半山腰或者山顶的美妙？有些人觉得自己看到的山脚的景色就是全部的世界，这是非常可怕的，甚至会耽误孩子。孩子是有无限能量、无限未来的，如果你用自己的所见所闻影响和限制孩子，就是一种耽误。但是问题来了，我们每个人都不是完人，每个人的能力也都是有限的，能够登顶的毕竟是少数人，难道芸芸众生都不能养孩子了吗？

当然不是，如果我们能给孩子开启读书之路，就是给孩子打开了一扇门，一扇通往美好世界的大门。因为书是人类智慧的结晶，许多我们不曾见过、未曾想过的世界，书中是有的，让孩子多读书，读好书，孩子自然能自我成长。所以，请家长无论如何在孩子学龄前帮助孩子养成阅读的习惯，孩子将受益终身。

家长反馈

关于这个作业，我很容易完成，因为我从我的两个孩子很小开始就给他们读故事，带他们去图书馆看书，遇到喜欢的书都买回来给他们。现在孩子有了自己的专属书架，上面放着他们喜欢的书。这几年给孩子们买书、读书，我确实花了不少时间和精力，但是看着孩子们养成了阅读的习惯，看着他们能安静地坐在那里看书，我就觉得非常欣慰。而且因为从小读书的习惯，孩子们接触电子产品很少，现在做事很专注，也很有耐心。

NOTES

作业日志

✓ 今天的作业是否完成：

作业日志

作业感受：

第 8 天 反问

作业

今天坚持反问一句。

孩子在成长的过程中，每天都会有很多问题问你。面对孩子的“十万个为什么”，做家长的特别容易当“博士”，有问必答。可是你的有问必答会让孩子失去思考和独立解决问题的机会。所以，今天当孩子有问题问到你时，请反问一句：“你是怎么想的？”或“你认为呢？”也许孩子会给你一个非常不一样的答案。

作业故事

随着孩子年龄增长，知识积累越来越丰富，对周边世界也会有更多思考，各种各样的“为什么”开始层出不穷。这是值得父母欣喜的现象。可是这小小的“十万个为什么”有时也确实让我们头疼。尤其当他们的问题问得越来越深奥，会让我们一时语塞，甚至挖空心思都难以解释，父母也会感到深深的压力。其实，这样的压力大可不必。父母也完全没有必要在孩子面前维持一个无所不知的形象。即使你真的强大到每次孩子提问都能对答如流，也未必是帮助孩子的最好方式。事实上，当孩子提问时，正是进一步激发孩子求知欲和锻炼独立思考能力的好时机。而急于给孩子答案，就好像在替他做脑力劳动，往往剥夺了孩子自己去探索的机会。比答案更重要的，是自主寻找答案的意识、方法和过程。

有一次，我接待了一个非常聪明的三岁小女孩，孩子的语言和认知能力超出了同龄小朋友。但是在测评过程中，我发现一个非常严重的问题，就是这个小女孩不问问题。为了确定这件事情，我向孩子姥姥求证：“宝宝平时喜欢问问题吗？”姥姥仔细回想了一下，回答我说：“没怎么注意啊，确实没有什么问题。”还没等我说话，姥姥接着说："老师，你知道吗？为了这个孩子的教育，我可是下了大功夫，孩子一出生我就带着她，从小只要她看什么，我就跟她说什么。她看树，我就告诉她那是树；她看车，我就告诉她那是车。总之，她看什么，我就告知她什么。"这可真是一位用心的姥姥，这么用心的养育，导致孩子没有问题可问，因为不等孩子问，答案就来了。可是，随着孩子慢慢长大，不会问问题，对孩子来说失去的远比得到的多。因为没有问题就意味着孩子没有自己的思考，只是单向地接受灌输，这是教育最大的问题。

培养孩子的独立思考能力非常重要，我们谁也不想自己的孩子人云亦云，没有自己的想法。究竟该如何培养孩子的独立思考能力呢？首先，我们绝对不能犯那位姥姥的错误，不要着急告诉孩子，要耐心等待，给孩子留出询问的机会。其次，当孩子问我们问题时，不要着急给出答案，学会反问一句。一个固定的答案并没有那么重要，可是借由我们的反问，孩子学会了思考，这是最了不起的。

说到反问，我想起一个亲身经历的故事。记得我大儿子小的时候，他曾指着地上一根枯萎的叶柄问我："妈妈，这是什么？"当时，我特别想告诉他那是叶柄，叶子已经腐烂，因为叶柄纤维粗，没有腐烂……想了一堆要告诉他的知识。幸运的是，那天我没有一股脑地说，而是反问他："你觉得是什么？"他说："是牙签。"当时他还不到两岁，我很惊讶他的想法，也很激动。我当时就把他抱起来，激动地说："对，是牙签，可能是巨人的牙签吧？”我给了孩子机会表达，我知道他脑子中有自己的想法。这比他知道那是枯萎的叶柄更重要，因为他早晚会知道那是什么，但是他这种遇到问题自己思考的能力，是需要从小培养的。

从那以后，无论他问我什么问题，我都不会直接告诉他答案，而是会反问一句：“你觉得呢？你认为是什么？”不要小看这句话，它会引发孩子的思考，而不只是记住你说了什么。独立思考就这样开始了。

心理解析

独立思考的能力就是一个人要学会自我思考，对一件事有自己的想法和认识。一个孩子具备独立思考能力最重要的表现就是有质疑能力。对接收到的东西保持好奇和怀疑，才能进一步分析和判断，而不是不假思索，全盘接受，根本没有自己的想法。但是我们成年人都有好为人师的问题，特别喜欢在孩子面前当老师，知无不言、言无不尽，这么做表面的原因是为了孩子好，真实情况是家长内心很焦虑，急于让孩子知道，让孩子学习更多，而不顾孩子的成长需求。所以反问如此重要，请一定要学会。

家长反馈

我跟老师说的故事中那个姥姥很像。在做这个作业之前，我一直认为自己的教育方式特别对，对孩子很有耐心，也在学习各种育儿知识。对孩子的提问，我都认真对待，有好多次我都自己偷偷上网找答案。但是我的问题就出在这里，我在孩子的眼里是博学多才的妈妈，对于孩子的提问，我却从来没有反问过一句。我不知道孩子是怎么想的。

刚开始做这个作业的时候，不仅我不适应，我的孩子也完全不适应。他问我："妈妈，长颈鹿的脖子为什么那么长？"我说："你觉得是为什么啊？"他对我的回答很不解，因为我以前都是直接告诉他答案。他很认真地想了想，然后说："我不知道。"我没有放弃，让他再想想，他说："长颈鹿喜欢吃树叶，长脖子才能吃到。"虽然孩子说的因果逻辑还不太对，但这让我了解了他的想法。而且最重要的是，孩子第一次的回答是"不知道"，这给我敲响了警钟——如果我继续充当一个"万能博士"，我的孩子可能真的就不会积极思考了。

NOTES

作业日志

✓ 今天的作业是否完成：

作业日志

作业感受：

第9天 规矩

作业

今天让孩子在固定的位置吃东西。

父母养育孩子的过程中，爱他、教育他和管理他三者同样重要，让孩子在固定的位置吃东西，就是管理孩子的开始。在日常生活中，给孩子规则意识，孩子对规则的理解会更明确。开始的时候也许孩子会哭闹，甚至拒绝吃东西，但请你坚持“今天一定要让孩子在固定的位置吃东西”，坚持做下去，你会收获一个大大的惊喜。

作业故事

孩子从小长大的过程中，确实需要父母给予的爱和充分的自由，但是如果只有爱和自由，没有规矩的教育，孩子轻则无法融入社会、无法与人交流，重则会对社会和他人造成伤害，这是非常危险的。

规则意识绝对不是一天养成的，规则意识的培养是一个循序渐进的过程。两三岁的孩子规则意识开始萌芽，四岁左右就已经具备一定程度上的规则意识，能够遵守大部分日常生活中的规则，也基本能遵守跟成人之间的约定，而且很多时候还会显得规则意识很强，不允许破坏他心中认定的一些规则，比如，他会要求轮流看电视，如果轮到他了还不给他看的话，就会生气、哭闹。五岁左右的孩子规则意识已经相对比较成熟，比如，遇到自己不愿意做的事情，很多时候也会基本按照规则完成。

“让孩子在固定位置吃东西”是非常好的日常规则意识的教育。我见过很多被追着喂饭的孩子，见过很多随时随地（地铁上、公交车上）吃东西的孩子，毫无规矩。这样的喂养方式就是在告诉孩子：“你还小，可以想干什么就干什么，你不用顾及别人的感受，不用遵守规则和秩序。”有一天孩子长大了，才发现这孩子太没有规矩了，再去调整很难。这就是我们养育孩子一个非常大的问题，一方面在日常生活中毫不注意孩子的规则意识培养，一方面抱怨孩子太没有规矩。

心理解析

有的时候我们带养孩子出现了本末倒置的现象，我们以为给孩子吃饭，饭吃到嘴里最重要，而不管孩子的饭是怎么吃进去的。我见过一个孩子，全家人喂孩子吃饭，一顿饭吃两三个小时。孩子最讨厌吃饭，人也瘦，更严重的是，孩子脾气大，很难沟通，做事没有规则意识，家长很发愁。

我了解到孩子家里的情况，只提出一个建议：让孩子在规定的时间、规定的地点吃东西。孩子可以在规则下想吃就吃，不想吃就不吃，想吃什么、吃多少，都由孩子自己做主。这个孩子的家长很紧张，她说那样孩子会饿着，肯定吃不好。我说：“你要想解决孩子的问题，这是唯一的方法，如果你做不到，孩子的问题就得不到解决。”家长回去后坚持按我说的做了，不出一个星期就跟我说，孩子吃饭的问题好多了，能自己吃饭了。又过了一个月左右，家长说孩子吃饭的问题解决了，重要的是这个孩子似乎长大了，懂事了，再也不像原来那么任性、霸道了。有人说，短短的一个月，可能有那么大的改变吗？当然有，孩子在形成规矩这件事情上，日常的饮食教育是最有效的，因为一日三餐两点，如果每一次都坚持规矩，孩子对规矩的理解就会非常深刻，也会愿意遵守规矩，规矩意识的养成就会容易。

另外，在固定的位置吃东西，这件事本身也是对成人的约束。我们对孩子的教育之所以难，是因为很多时候我们把对孩子的教育看成一件事，自己怎么做那是另外一件事。我们说的跟我们做的并不一致，孩子改变起来自然会慢。一方面我们要求孩子有规矩，另一方面我们又自由散漫地养孩子，孩子在家庭中感受不到规矩，这样的养育就会很难。

家长反馈

这个作业对于我来说真的有点儿难度。孩子从小吃饭没什么规矩，有几次我下决心，如果孩子不自己好好吃饭，就饿着他。但是别说家里老人了，我自己都舍不得，这样拖拖拉拉的，孩子快三岁了，还是没有自己吃饭的规矩。

为了完成这个作业，我跟家里人沟通了一遍，让孩子吃饭有规矩，是孩子学习规矩的开始，全家人要一起下决心做这件事。中午吃饭，孩子没吃两口就不想吃了，要去玩。我对他说："宝宝，你吃饱了才能离开餐桌，如果离开餐桌就不能回来吃了，只能晚上才能再吃饭。"孩子大概也没太听懂，就着急去玩了。在下午睡醒之后，孩子觉得饿，想吃东西，我们给孩子吃了这个时间点本应吃的水果之后，就告诉他："不能吃其他东西了，只能晚餐的时候吃饭。"孩子哼哼唧唧很不高兴，但是因为全家人达成了一致意见，孩子没有找到出口，其间哭过两次，我们分别转移孩子的注意力，让孩子等待晚餐的时间。到了晚上吃饭的时候，我们从没见过孩子这么认真地吃过饭——他坐在餐桌前自己吃，吃得也很香。

NOTES

作业日志

✓ 今天的作业是否完成：

作业日志

作业感受：

第10天 静默

作业

今天一整天，保持“静默”。

对自己所说的每一句话保持觉察，看是不是必须说的。一整天用眼睛去观察孩子，用耳朵去倾听孩子，少动嘴去说。唠叨是所有父母的通病，但是唠叨多了，你只会变得更加焦虑和紧张，孩子会变得更加紧闭心门，不与你沟通。学会“静默”，做智慧的父母。

作业故事

“静静”是国民女神，我们在忧伤的时候，想到的都是“静静”，原因是在某一刻，“静静”能够给我们最大的享受和安慰。做安静的父母对于孩子成长来说也是非常重要的。可是，让做父母的安静下来，真的非常不容易，因为我们喜欢在孩子面前指手画脚，喜欢说教，喜欢指导。

有一次，几个朋友约好了带着孩子聚会，几个孩子在一起疯玩，难免打打闹闹，你争我抢。这几个妈妈就各自使出自己的神通来管理孩子，其中A妈妈不断地在旁边唠叨，“你们玩这个，你们玩那个，别这样，别那样”，而相比之下，B妈妈就非常安静，从始至终几乎都是安静地看着孩子。我突然意识到，跟B妈妈相比，很多人包括我在内，都显得太聒噪了，而B妈妈这个人，平时就是一个安静的人，最重要的是，大家都喜欢跟她在一起，跟她在一起无论做什么事情都没有压力，只有轻松。想一想，哪个孩子不愿意跟这样的妈妈在一起呢？所以有了这个“静默”的作业，期待我们的改变能给孩子带来好的养育。

在改变的过程中，我越来越发现，选择安静，并不是对孩子放纵和不管，而是选择了一种更有效的管理方案。孩子吃饭，总是用脏手到处乱摸，你天天对他说“你这样不讲卫生，衣服脏了不好看，你怎么总是改不了坏毛病”，肯定没有效果，如果你选择了静默的原则，因为不能说过多的话，你就会想其他办法了，你一定能想出来。说一百遍，不如把纸巾放在孩子的手边，你既没有唠叨，孩子也改掉了坏毛病，岂不是两全其美。

另外，在孩子犯了错之后，你只需要明确指出来，而不需要喋喋不休。因为喋喋不休的说教反而会让孩子减少犯错之后的愧疚感，不能很好地反思和改进。当喋喋不休超过一定界限之后，孩子反而会生出叛逆之心，即使你说得对，他也会跟你对着来。所以，谨记话不能多，做一个安静的家长，学习用更积极有用的方法解决问题。

心理解析

静默的原则告诉我们，管理孩子“能动手别动口”，言外之意，就是不要总是唠叨，而是去做。我们擅长说孩子，擅长发现问题、指出问题，我们给了孩子很多建议和意见，但其实很多建议和意见都是无效的，孩子的问题并没有得到解决，然后我们就会继续唠叨。时间久了，孩子会选择远离你，根本不听你的唠叨，问题就陷入了无解僵局。

遵循静默的原则，能做的就不说，这是解决问题的态度。我们要求孩子衣物放整齐，放在固定位置，认真做作业，检查作业避免错误等，都可以给孩子做具体的示范和引导，而不是单纯说教。我们与其说“到家要把衣服放好，放到固定位置，下次你才能很快找到衣服”，不如带着孩子来到放衣物的地方，对孩子说“请把衣服放在这里”。当我们滔滔不绝地说时，我们就可能看不见孩子，听不到孩子。单方面灌输而收不到反馈，是没有意义的。

家长反馈

我承认我不是一个安静的妈妈，我喜欢说教。我有两个孩子，老大10岁了，老二3岁。之前我一直以为，我不说孩子就不知道，我也不想说教，但是我没有办法。我以前以为老大叛逆，不爱听我说；而老二，我从来没有遇到过他反抗，我说什么他都听。通过这个作业我意识到，老二之所以没有反抗，是因为他还小。我回想起我小的时候就是这样，我妈妈说多了，我就自己神游，想自己的事情，从不听她说什么。幸好有机会做这个作业，不然我可能真的会不自觉就变成唠唠叨叨的妈妈，随着孩子长大，他们可能就不再愿意听我说话。

我开始有意识地做这个作业，发现这让我和我家老大的关系有所改变。以前我总是干受累不讨好的事情——我看老大没喝水，就给他倒一杯水，然后开始教训他："你怎么就不知道喝水？你多大了？不喝水容易生病，你知道吗？"一通抱怨之后我走了，他也什么都不说，我觉得我说得很对，他肯定知道自己错了才不说话的。而现在，我有意识地完成这个作业——我还是倒了一杯水给他，但什么也没说就走了。结果他说："谢谢妈妈，我又忘了喝水。"我以前说了那么多次，都没有换来一句"谢谢"，现在我遵守静默的原则，什么都不说，效果却很明显。

NOTES

作业日志

✓今天的作业是否完成：

作业日志

作业感受：

第11天 追问

作业

今天坚持追问孩子一句。

孩子的思维能力和创造力远超我们的想象，不断地追问孩子就是让孩子思维不断发展的过程。因为孩子在思考的过程中，思维就在不断发展，所以我们给孩子读绘本的时候，追问孩子：“你觉得后来会怎么样？”“然后呢？”“接下来呢？”这些追问就引发孩子不断思考。今天在给孩子讲故事的时候，不要在故事结束的时候就结束了，追问孩子一句，并把它变成习惯。坚持下来，孩子会成为勤于思考、有创造力的孩子。

作业故事

如果我们把找到问题的答案作为终极目标，那么我们的目标可能还不够，不如尝试更进一步。孩子给了我们答案之后，我们可以尝试追问一句："接下来可能怎么样？"尤其是给孩子讲故事的过程中，很多家长给孩子讲故事仅限于把故事讲述清楚，孩子听完就完了。有一些家长会就故事的内容给孩子提问，但很多问题仅限于故事内容本身，如"小熊把蛋糕给了谁？""谁跌倒了？"……孩子回答完，给了答案，就完事了。如果我们尝试多问一句："白雪公主和王子后来怎么样了？"你会发现，孩子会说："他们快乐地生活在一起。""那接下来会怎么样呢？""他们又和邻国发生了战争，王子要去打仗。""接下来呢？""他们发明了特别厉害的武器，打败了敌人。"如果你有足够的时间，孩子会一直跟你讲。有时候，我们要求孩子给你讲一个故事，孩子会害羞，不愿意讲，但是以这样追问的形式，孩子会非常乐意讲下去，滔滔不绝。

孩子给了我们答案之后，我们可以尝试追问一句："还有其他办法吗？"很多问题都不是只有唯一的答案。我们的追问会让孩子不断去思考，同时也可以启发孩子的思维，增强孩子的信心，很多问题都不是只有唯一正确的答案，只要去寻找，就能找到更多的方法。

在做测评的过程中，我指着一幅图（一条小河，河这边是小朋友，河对岸是他的小狗）问孩子们：“想想办法，怎么样才能让小朋友和小狗在一起？”很多孩子都告诉我：“游泳过去。”当我再问：“还有其他办法吗？”有些孩子就沉默了，他们并不是笨，只是他们习惯只有一个答案，没想过一个问题给出了答案，老师还会问下去。有些孩子就说：“还能搭座桥，走过去。”我继续问：“还有其他办法吗？”孩子们能回答上来的越来越少，但是那些能一直回答问题的孩子，家长平时都有类似的教育习惯，会鼓励孩子更多地思考。

心理解析

对学龄前的孩子来说，最重要的不是知道多少知识，而是养成良好的思维习惯，对事物保持好奇心，对解决问题充满自信，对一个问题有多角度思考的能力。如果通过追问的方式，让孩子内心深处相信任何问题都有一种以上的解决方案，这样的思维方式会让孩子更有信心面对问题。

另外，有问题就有思考者。我学习英语的外教课上，老师在课程结束的时候都会问我们一句："Is there any questions?（还有问题吗？）"我们就习惯性地回答："没有。"外教老师觉得不可思议，怎么会没有问题？因为我们习惯了灌输式的教育，并不鼓励我们多思考，不会把问题留给我们，只把答案告诉我们就好了。孩子不断思考的过程远比得到一个答案重要，我们给孩子提问的过程就是促使孩子不断思考的过程。不要去评判孩子给的答案对不对，只要孩子在积极思考，就是特别有意义的。

家长反馈

通过这个作业，我才知道以前我真的错了，我以前无意中就会把孩子当成一个脑袋空空的小可爱。虽然我嘴上说要尊重孩子，孩子有自己的想法，但是我没有真正把孩子当成一个有自己想法的人，跟孩子的对话多数都是我在讲，而他在听，或者他在问，我在答。

今天，读完故事，我合上故事书问孩子："宝贝，木头人回到家之后会发生什么事情呢？"孩子自然地说："木头人会跟他的孩子们一起玩。"我接着问："那一起玩之后会发生什么呢？""他会给他的孩子讲故事，讲路上发生的事情。"……跟孩子聊了很多，我发现他想的远比我知道的多，而且通过跟孩子聊天，我发现了他内心的小秘密，他想做什么事情，我都能从他的描述中了解到。

作业日志

今天的作业是否完成：

作业日志

作业感受：

第 12 天
鼓励

作业

今天鼓励孩子时要做到详细描述。

家长对孩子恰当的鼓励，是孩子的精神食粮，会让孩子受到鼓舞而充满自信。可是家长对孩子不恰当的赞美，会成为孩子成长中的精神鸦片，让孩子过度依赖而内心脆弱。今天一整天，在鼓励孩子的时候要描述你看到孩子做的事情，越详细越好。如“妈妈看到你画了棵树，树上有花，你还画了四个花瓣，花瓣的颜色还不一样”，而不是简单粗暴地说“真好，真棒”。

作业故事

我给家长留“鼓励”的作业时，他们往往会觉得这个简单，别的作业不好完成，但是这个作业是最容易的。但是听完我的讲述和要求之后，大家就不这么认为了，甚至会认为这个作业比其他的作业还要难。

我遇到过一个孩子，在我给她测评的过程中，孩子把一串珠子放进了小管子里，家长非常夸张地鼓掌说“真棒，真棒，宝贝你真棒”。结果下一个测评项目，孩子试了一下完不成，就把手里的测评工具一扔，再也不肯尝试。整个过程，孩子表现出了明显的性格缺陷，只能胜利，不能失败。我后来找家长访谈，才知道他们是以鼓励培养为信念的家长，无条件鼓励孩子，夸张地鼓励孩子，因为他们认定鼓励会让孩子更加自信。是的，鼓励是能让孩子自信，但是这样夸张的、不符合实际的鼓励会让孩子盲目自信，对别人的赞美上瘾，不能形成良好的自我评价，遇到困难就早早放弃，以维持自己虚弱的自信。这样的鼓励就是不恰当的。

心理解析

我们可以来分析一下，不恰当的鼓励有哪些特点。

第一，简单粗暴。“你真棒，你真好”，乍一听是鼓励，但是不经推敲，孩子只会有“我真棒”的感觉，究竟哪里棒、怎么棒，孩子并不清楚。随口就能说出这样鼓励的话的家长，内心深处并没有用心观察孩子，没有用心发现孩子哪里好、哪里不好。有时候，随便夸孩子，就是对孩子的一种应付。比如，孩子拿着他画的画来找你看，你随口就说“真棒，真好”，请问你有认真去看孩子的画吗？你有了解同龄的孩子绘画水平怎么样，你的孩子的优势在哪里吗？所以，孩子也不知道他哪里棒，他只有一种“我很棒”的感觉，这种感觉就像一种毒药，让孩子越听越上瘾，无法自拔。因为孩子的自信并不是来源于对自己的真实判断和认知，而是来源于权威人士的赞美，所以他就会对赞美上瘾，总是需要别人去夸他，否则就无所适从。我们是不是见过这样的恋爱男女——总是需要对方夸自己，一旦不夸，就不爱了；也见过这样的员工——除了工作本身，你需要不断地关注、鼓励他，让领导很操心，稍有不慎，员工就闹情绪。这些都是我们简单粗暴的鼓励直接导致的后果。

第二，评价判断。“你真棒，你真好”这样的鼓励隐藏很深的不公平和不平等，因为这样的语言是评价性的语言。当我们去评价某个人、某件事的时候，我们有一种高高在上的感觉，我们本身就是权威，而孩子的地位就是低的。所以，这样的鼓励表面上是在认可和赞美孩子，实际是在一遍又一遍地告诉孩子，你不过是个孩子，你需要得到我的认可才行，你做的事需要符合我的标准才够好。有时候，我这样说，很多家长会否认，“老师我没有那么想，我是觉得孩子做得真的挺好的”。我会反问他们，如果换一个人，一个伟大的画家拿着一幅画给你看，你怎么跟他说话呢？你不会说“你真棒，你真好”吧？为什么我们能对孩子轻易说出这句话呢？因为内心深处觉得孩子地位低、水平低，我们可以评判他。而在一个地位高、水平高的人面前，我们不会轻易评判。所以，继续这样评判式地鼓励孩子，孩子只会越来越不自信，因为孩子能够感受到你背后的心理活动。

我们究竟该怎样恰当地鼓励孩子呢？

第一，请用欣赏的语气描述你看到的，越详细越好。比如，孩子拿了他搭建的乐高玩具过来给你看，你可以说：“宝贝，你做的这个是什么呀？”“哦，我看到了你做的机器人，有头、身子、手臂，手里拿着武器，头上还有头盔。”这样回应孩子，孩子会觉得受到莫大的鼓励，同时他也非常清楚自己哪里做得好，更有利于孩子建立自信。

第二，请表达你的感受，而不是说出你的评判。就如我们前面问大家的，如果一个伟大的画家拿着他的画作来给你看，你会怎么说？我想很多人都会跟我一样，情不自禁地说出“真令人难以置信”“我觉得很震撼”“我感觉很温暖”，这些话都是在表达自己的感受，表达感受就不是评判，没有高低之分，表达感受就是平等的。我们看到孩子做的事情，也可以表达出你自己的感受，“看到你的画，我觉得很惊讶”“我感觉很可爱”“我觉得很温馨”……另外，在面对一幅值得称赞的作品时，除了表达我们的感受之外，我们还会情不自禁地说：“你是怎么做到的？”这句话也非常有用，是在表达我们内心的真实感受。言外之意，这件事情已经超出了我的预期，我想认真地了解。家长这样的态度，无疑是对孩子最大的鼓励。

家长的鼓励是对孩子莫大的支持，请一定要认真对待孩子，学会恰当地鼓励孩子的方式。

家长反馈

“鼓励孩子的时候要详细描述”，这个作业既简单又复杂，简单是因为很好理解，一学就会，复杂是因为很难坚持。因为我们如果要详细描述自己看到的，就需要付出极大的耐心和长时间的专注去观察孩子做的事情，没有认真的观察，就没有详细的描述。通过家长的详细描述，孩子自然就知道自己好在哪里，对自己的评价就是积极正向的。

作业日志

✓ 今天的作业是否完成：

作业日志

作业感受：

第13天 惩罚

作业

今天要做到没有规矩不惩罚孩子。

我们在惩罚孩子的时候，总有看似足够的理由：因为孩子犯的错误不可饶恕；因为不惩罚孩子，他就不知道自己错了；不惩罚孩子，他以后就更加无法无天了。但是我们在惩罚孩子的时候往往都是因为一时冲动，没有控制住自己的情绪，所以，没有规矩的惩罚本质上都是家长在发泄怒气，这样的惩罚也不会收到期望的效果。今天一定要做到，如果没有父母和孩子双方都明确的规矩，无论多大的错，也不惩罚孩子。

作业故事

我们在养育孩子的过程中，很容易把一些教育理念原则化、绝对化，惩罚就是一个典型的例子。关于惩罚有这样两种观点。

第一种，要给孩子足够的爱，哪能惩罚孩子呢？那么小的孩子受到惩罚，将来会有心理阴影。我们不应该惩罚孩子，有些事情，他大一些自然会懂的。

第二种，孩子就得管住了，从小管才好管。中国有句老话说得好，“没有规矩，不成方圆”，孩子犯了错就得惩罚，这样他就记住了，下次就不会犯错了。

这两种极端化的观点都有问题，都不是负责任的态度。教养孩子，家长身上有三种责任：爱他，教育他，管理他。三种责任缺一不可。惩罚是伴随孩子成长不可缺少的，但是我们必须掌握惩罚的原则——没有规矩不惩罚。

没有规矩在先，惩罚就是成人发泄怒气的手段，本质上不是管理孩子。所以，一切惩罚的前提是，先跟孩子确认规则。

有一次，一位妈妈向我咨询孩子的问题，说她的孩子非常任性，脾气大，特别难沟通。我详细了解了孩子的情况，她家经常发生这样的事情：孩子喜欢看动画片，妈妈会允许孩子看，顺便嘱咐一句："看动画片可以，但是要少看啊。"时间大概过了20多分钟，妈妈发现孩子还在看动画片，就过来说一句："你怎么还在看电视啊，不是说了要少看吗？"对于妈妈的唠叨，孩子习以为常，不以为意。妈妈唠叨两句，又去做自己的事情了，似乎就忘了孩子看电视的事情。大概过了半小时，妈妈做好饭出来发现孩子还在看电视，就非常生气，一般就会说："你就是这样，说什么都不听，你再这样下去，你的眼睛还要不要了？"然后妈妈跑到另一个房间，把孩子爸爸也骂了一顿："我这忙来忙去的，管不上孩子，你就不能好好管管孩子吗？大的小的都让我操心。"这时候，爸爸出来了，对孩子说："赶快关掉电视，来吃饭。"说完爸爸又走了，孩子稍微动了一下身子，调整一下姿势，继续看电视。15分钟之后，家里的战争终于爆发了，爸爸盛怒之下打了孩子，孩子看电视的行为也终于停止了。

我们可以看到，这个家庭对孩子的教育方式是在放任和严惩之间自由切换，切换点是家长的容忍度。家长能忍的时候，尽管孩子一直在看电视，将父母的话当作耳旁风，父母依然容忍，除了唠叨两句，根本不管。但是，孩子的行为触及了家长的容忍度极限时，就会对孩子拳打脚踢一番。这样的结果，孩子只是深刻感受到父母的脾气暴躁，动不动就打骂，严重破坏亲子关系和孩子的安全感。

什么叫规矩在先呢？就是在孩子看电视之前，家长就确立非常明确的规则，比如，电视可以看，但是只能看30分钟，30分钟之后要关掉电视。当还有10分钟的时候，妈妈来提醒，还有10分钟就到时间了，要关掉电视，下次再看。还差3分钟的时候，再提醒孩子，还有3分钟时间就到了，要关掉电视。到时间的时候，妈妈提醒孩子，时间到了，你要关掉电视。如果这个时候遇到孩子的抵抗，妈妈是必须要坚持的，甚至可以因孩子不遵守规矩而惩罚他，如不按着约定关掉电视，此时妈妈也要强制性地关掉电视。也许这样孩子会哭，但是我们坚持这样做，孩子学会了规则，知道了言出必行，后面反抗的次数会越来越少。我们要注意的是，在立规矩的时候，切忌“一言堂”，认为规矩就是家长单方面说了算。需要尊重孩子，跟他共同制订，比如，孩子不同意只看30分钟电视，想看1小时，这时候家长要跟孩子共同商量，通过彼此妥协和退让（根据孩子不同年龄，与孩子谈判的方法也不同。面对越小的孩子，家长越要学习彼此妥协和退让，这是未来良好沟通的基础），最后达成看40分钟电视的约定。单方确定的规矩不够好，双方确立的规矩才更有效。

惩罚孩子，不要体罚。有一天，一个朋友跑来找我诉说痛苦，因为她打了孩子，而且打得还很重，现在特别后悔，问我该怎么办。我听了她的描述，知道孩子闯的祸很大，差点儿发生危及生命安全的祸事。孩子明显知道错了，可以让孩子接受惩罚，记住教训，这没有什么问题。但是这个朋友最大的问题是，她当时在盛怒之下体罚了孩子，对孩子一顿拳打脚踢，过后又非常后悔。这也是我们最容易犯的错误，认为惩罚就是对孩子拳打脚踢，这是不可以的，因为成人怒气冲冲，直接体罚会导致惩罚过度，而且父母直接拳打脚踢体罚孩子，会破坏亲子关系，孩子会把注意力转移到亲子关系上，担心父母是不是不够爱他，而不是把注意力放在问题本身。在外国有一些解决类似问题的方法，如“time out，time limit”，让孩子从当下活动出局，在固定的位置反思和反省。这都是非常好的惩罚手段，遵循规矩在前，惩罚在后。惩罚不是体罚，惩罚要有明确规矩在先。

心理解析

做好这个家庭作业并不容易，因为给孩子明确的规矩就不是一件容易的事情。很多家长以为给了孩子明确的规矩，但是从孩子的角度来看并不是这样。比如，半小时后关闭电视，这个规矩对成人来说是明确的，但是对于孩子来说，就需要不断明确和说明，否则他的理解不清晰。另外，对于惩罚，我们总觉得就是教训一顿那么简单，让孩子害怕就达到目的了。可是惩罚的目的是教育，而不是让孩子恐惧。所以，不要在盛怒之下惩罚孩子，情绪失控会出现惩罚过度，或者变成成人发泄怒火的契机。惩罚孩子的不应该是家长，而应该是规矩本身。没有怒气冲冲的惩罚，才会让孩子将关注点放在规矩本身。

家长反馈

这个作业让我陷入了深刻的反思。我一直有一个疑问，哪个家长不是被气到极点才会去惩罚孩子呢？在完成作业的过程中，我逐渐明白了，惩罚不是我们发泄怒气的手段，而是我们管理孩子的方法。我的孩子淘气、爱动，我最怕带他在路上走，因为他会突然跑起来，过马路时不管不顾。小的时候我还能控制住，但是他越来越大了，快三岁了还这样，我很担心。出门之前，我跟他立了规矩：在路上走不能突然乱跑，如果突然乱跑，就要罚站5分钟。他依然犯了错，我让他站在路边罚站，他站了不到1分钟就开始闹别扭，我陪着他，就是不让他走，直到5分钟结束。后来他哭了，要是以往我可能会很生气，但那天我心平气和地罚了孩子，孩子也明显意识到了问题。之后孩子走路突然跑的时候，我一提醒就有效果。我相信，坚持下去，孩子的问题会得到彻底改善。最重要的是，我好像突然醒悟了一般，找到了养育孩子的“窍门”。

作业日志

今天的作业是否完成：

作业日志

作业感受：

第14天
放手

作业

今天要坚持放手，让孩子自己试一试。

很多时候，我们不自觉就替孩子做了很多事情，久而久之，孩子习惯了我们的帮助，变得依赖、懒惰、能力弱。然后有一天，我们开始批评他，这也不会做，那也不会做。站在孩子的角度想一想，孩子好冤枉啊！今天一整天，要保持觉察的状态，当下意识要去帮孩子的时候，管住自己，放手让孩子自己去做，别担心他做错、做不好。放手就是对孩子最大的信任。

作业故事

我是一个从小到大充分享受独立所给予我自由和快乐的人，父母给了我宽松的环境，让我去尝试自己想要做的。所以，在儿子的教育上，我希望他首先是个独立的人。虽然他还很小，但还是有很多事情可以自己去尝试，比如够东西，他想要时，我会抵着他的脚让他自己向前去够。

在一次聚会上，将近5个月的儿子乘我不注意，居然自己抓起一块红薯要往嘴里放。我猜想，儿子应该很想按照自己的节奏掌控自己想吃的东西。所以，我和孩子爸给他挑了一个带手柄的水杯，从喝水开始，让他自己来。孩子的手劲生来很大，握水杯的劲肯定是有的，但是握着水杯，能够成功放到嘴里又喝到水的过程是需要学习的，需要我们给予一定的帮助。一开始他会不断尝试把水杯的吸头放到嘴里再拿出来，拿出来再放进去，结果弄得前胸都湿了。不过这又怎样，换件衣服就可以。体验的这个过程，孩子是快乐的。

这是一位妈妈向我讲述的一个故事，我其实也没有想到，这么小的孩子居然就有这么大的本事，想自己喝水，并且能自己喝水。我是真的见到一些孩子都快三岁了，喝水还要家长来喂。大家想一想，这样两个孩子的心理成长能一样吗？他们对自己的能力评估能一样吗？他们的自信程度能一样吗？孩子在家里可以被无微不至地照顾，但是到了社会上，参与到同伴交往之间，是需要孩子凭借各自的本领来自我服务和获得社会地位的。一个习惯被照顾的孩子，无法很快适应环境，会出现一系列社会适应问题。

幼儿在一岁半到三岁之间，正在经历人生发展的第二个重要心理阶段，在这一阶段，幼儿会通过练习掌握大量的技能，如攀爬、走路、说话、吃饭、穿衣等日常自理行为。更重要的是在学习各种技能的过程中，他们学会了怎样坚持或放弃，也就是说幼儿开始“有意志”地决定做什么或不做什么。而这个时候如果父母对孩子过多干涉和替代，不放手让孩子自己去做的话，父母与孩子之间就会发生激烈冲突，这被称为幼儿的第一个叛逆期，但是从幼儿角度来说，这也是他心理上的一个郁闷期。在这个时期，父母最恰当的做法就是放手锻炼幼儿，让幼儿通过尝试、犯错、再尝试，直至成功来获得自主感，从而获得自我的价值感和自信心。如果这个时期父母包办代替，幼儿就会产生依赖、羞愧和不自信的心理，不利于幼儿心理的健康发展。

孩子并不是天生经受不了挫折的，我们放手让孩子自己去做，探索解决问题的过程就会变得有趣。如果我们一直教给孩子如何去做，或者代替孩子去做，没有探索过程，孩子直接就得到结果，当这个结果不好的时候，就会非常沮丧，情绪失控。所以，我们家长的放手，就是给孩子成长的机会，让孩子享受成长的过程，经受成长的痛苦与快乐。这是孩子不能缺少的经历，我们没有权利剥夺。

心理解析

不会放手的家长大多是内心非常焦虑的家长。

第一种焦虑来源于自己的控制感，他们渴望控制周围的一切，在控制的过程中获得安全感。孩子的成长需要自己控制，不放手就能掌控孩子的成长，就会安心，放手会让他们很焦虑。

第二种焦虑来源于自我的满足感，有些人在养育孩子的过程中，需要不断地付出，付出会让他觉得自己被需要，从而对孩子的照顾事无巨细，孩子离不开他，他才能安心。也有单纯认为孩子还小，没有这个能力，不敢放手。

无论是哪种情况，养育孩子不肯放手，就会限制孩子的成长，而养育孩子的终极目标就是让孩子离开父母，独立自信地成长。“放手”这个作业会让你看到孩子的能力远远超出你的想象。

家长反馈

我非常感谢今天老师留的作业，不然我一定会错过孩子成长的一个精彩时刻。我带着一岁半的儿子去小区的花园里玩，儿子要我陪他玩的游戏是拿着矿泉水瓶子到一个喷水管子那里灌满水，然后把水倒在花园小亭子里的一个水池里。

儿子拿着灌满水的矿泉水瓶子要上三级台阶才能走上小亭子，然后我就看到他要爬上台阶，同时手里的瓶子也倒了，水开始往外洒。我刚要上前去帮他扶住瓶子，想起今天的作业，忍住了。我观察他到底什么时候会发现。结果他爬上三级台阶，瓶子里的水恰好洒完了，当他发现时觉得很奇怪，但是并不悲伤，然后拉起我的手走下台阶，又去把瓶子里的水灌满了。第二次上台阶，发生了跟第一次一样的情况，依然是爬台阶时瓶子倒了，里面的水洒没了他才发现，然后继续灌满水。第三次上台阶，奇迹发生了，儿子刚要爬的时候，他发现瓶子倒了，然后就把瓶子扶正，再上第二级台阶，扶正瓶子，再上第三级台阶，扶正瓶子。终于，孩子爬上了台阶，并且知道了如何让瓶子里的水不洒出来，他很得意，我也觉得他很了不起。

这件事情给我的触动很大，我从没想过当我放手让孩子去做的时候，他能自我探索，解决问题。这远比我教给他要有意义得多。

作业日志

今天的作业是否完成：

作业日志

作业感受：

第15天
坚持

作业

今天要在孩子放弃的时候，鼓励孩子再坚持3分钟。

让孩子坚持做一件完整的事情意义重大。“冰冻三尺，非一日之寒”，孩子能够坚持做完一件一件的小事，他才会坚持做完一件一件的大事。所以，今天要帮助孩子把事情做完整。当孩子遇到困难想放弃，要鼓励孩子继续努力，再坚持3分钟。

作业故事

有一位母亲和我分享陪孩子练琴的过程。孩子坚持每天练琴30分钟，已经第二年了，最难的就是练到半年的时候，每次都要经历一番吵闹，但是这位母亲没有放弃，只要孩子坚持练琴，结束后就给她奖励。大概坚持了一年之后，即使不再给奖励，孩子也每天坚持练，现在孩子很有成就感，能自觉练琴，就这样坚持了下来。

坚持是对家长的考验，因为在孩子不配合、想放弃的那一刹那，我们最简单的做法就是顺着孩子，世界太平。如果这时候让孩子再坚持一下，就容易爆发亲子大战，这就需要我们的智慧和毅力了。因为孩子做一件事情，开始的时候往往很容易，凡事三分钟热度，过了这个热乎劲儿，就容易放弃。如果我们允许孩子放弃，久而久之，孩子就会养成做事虎头蛇尾的习惯，非常不利于孩子的发展。

之所以这样，也不能完全怪孩子，因为做任何事情，从不会到做好都有一个过程。开始的时候做事很容易体验到成就感，付出一点儿努力，就会有很好的反馈效果，就像我们打游戏一样，反馈很及时，所以孩子很喜欢做，做事有乐趣，孩子就不会放弃。但是经过一段时间，孩子做事付出努力，反馈的效果并没有那么明显，乐趣渐渐下降，就特别容易放弃。这个时期就是孩子做事的高原期，很少有积极正向的反馈。如果我们允许孩子在这个时候放弃了，孩子内心就会产生一种思维定式，做事开始的时候很简单，但是越做越难，越做越痛苦，不如早点儿放弃吧。孩子就没有机会真正体验成功的快乐。

我们一定要调动我们的智慧帮助孩子度过高原期。这个时候就需要我们让孩子再坚持一下。方法有很多，可以是你的陪伴，你陪着他一起做；可以是适当的奖励；可以是换个游戏的方法再坚持。总之，需要给出具体有效的方法，而不是一味地喊口号，要求孩子做到。

心理解析

坚持是非常重要的能力，因为做什么事都不可能一帆风顺，一定会遇到各种状况，如果遇到问题就放弃，我们终将一事无成。最重要的是，如果孩子形成的思维习惯是“遇到麻烦就放弃”，习惯性放弃，会让孩子缺乏自信心、主动性、进取心，同样也会习惯性失败。

培养孩子坚持的好品质具体方法如下。

1. 接纳孩子的情绪

当孩子遇到挫折想要放弃的时候，接纳孩子的情绪。允许孩子把负面情绪发泄完，家长可以安静地等待孩子停止哭泣，不要着急。这个过程，家长接纳的态度非常重要。通过这一步，孩子的负面情绪得到宣泄和疏导，不会因为受挫而产生过多的负面情绪，为提升抗挫折能力积蓄了力量。

2. 感同身受让孩子获得支持

当孩子遇到挫折，情绪处于糟糕状态的时候，家长可以分享自己真实的糟糕经历。很多家长在这个时候喜欢分享自己的成功经历，觉得这是在鼓励和帮助孩子，实际上却拉开了和孩子之间的距离。孩子心中，父母都很伟大，伟大的父母也有糟糕的时候，这无疑是对孩子的一种支持。通过这样的方式，孩子获得了来自父母的支持，这种支持会让孩子获得力量，会把孩子从糟糕状态中解救出来。

3. 坚定不动摇的态度让孩子学会坚持

家长可以跟孩子说："妈妈知道你弹琴遇到了困难，你心情很糟糕，但是弹琴一定要坚持，这是不能动摇的。"家长的坚持可能会导致孩子再一次情绪糟糕，哭闹起来，对此，家长可以重复前面讲过的两个步骤，但是语气温和，态度坚定。重复几次后，孩子会尝试坚持。

4. 给孩子一个简短、可执行、有效的方法

首先通过询问，搞清楚孩子的问题是什么。不要催，不要逼，而是问孩子遇到了什么困难。你把问题问得越清楚、越详细越好，针对孩子的问题，给出简短、可执行的解决方法，如：抄写3遍，停下来休息10分钟，再接着写；这道题再检查一遍；等等。

5. 给孩子挑战任务，让孩子获得信心

给孩子定的目标不能过于简单，也不能过于难，适时、必要的挑战任务会给孩子更多的信心，这种任务就是孩子跳一跳能够到的任务，孩子努力一下能够完成。这样的任务特别能锻炼孩子的能力，增强孩子的信心。家长可以根据对孩子的了解和孩子接受任务的情绪状态来判断什么是适宜的挑战任务，适宜的挑战任务是孩子愿意接受、容易投入的任务。

家长反馈

这个作业给我的启发是，当孩子想放弃的时候，我除了逼着他痛苦地坚持之外，还可以有技巧地帮助他。比如，可以说“我们先休息一下，然后接着完成刚才没有完成的”。

以前我在养育孩子这件事情上有些偏激：老二还小，我会逼着孩子玩完玩具收拾好才能玩下一个，往往会逼得孩子大哭。我隐

约感觉到，孩子不太喜欢跟我玩。老大上了小学，我逼他写作业，不写完作业就什么也不能干。结果老大写作业能写一整晚，原本半小时的作业，他能写3小时。痛苦的不是孩子，而是我。我经常想，难道我逼孩子们做这些事情不对吗？难道我坚持让孩子养成一个好习惯有错吗？就在我想放弃的时候，我意识到，我的坚持并没有错，错在了方法。

我开始允许老二玩一会儿别的玩具，再来收拾之前的玩具，我发现孩子没有那么抗拒了。我让老大做作业，如果做不下去了，可以起来玩一会儿，休息一会儿，虽然这样他还是不能半小时内完成作业，但是好歹不会拖成3小时了。我相信，再坚持下去，孩子们的好习惯会慢慢建立起来。

作业日志

今天的作业是否完成：

作业日志

作业感受：

第16天
方法

作业

今天在指导和帮助孩子的时候，要给他提供一个有效可行的方法。

我们在引导和教育孩子的过程中，特别容易犯的错误是把理念当作方法。孩子听到的是一堆道理和理念，但是没有具体可行的方法，孩子依然不知道怎么做。所以，具体可行的小方法远比大道理有用处。今天要学会分辨哪些是道理，哪些是方法，做一个会给孩子提供好方法的家长。

作业故事

有一位妈妈跟我分享过她的体会，以前她的大女儿学习弹琴的时候，她陪着练琴，经常对孩子说："看你的手型，看你的手型。"她很生气，为什么孩子弹着弹着就忘了手型，需要她不断地提醒，这么简单的规则怎么就记不住呢？直到她小女儿也开始学琴，这次她打算跟孩子一起学。当她开始自己练琴，她才知道保持手型是多么难的一件事情，需要不断地练习，长期坚持才能固定下来。她作为一个成年人，时刻记着保持手型的重要性，都依然做不到一直保持，这才意识到以前对大女儿的指导几乎都是在讲道理，站着说话不腰疼，实际没有什么指导意义。只有亲身体验了，她才知道一些具体的方法有多重要。比如，除了练琴时间，其他时间也可以空手在大腿上或者桌面上练习，这样就可以利用零碎时间巩固基本手型，有助于形成习惯和肌肉记忆。

心理解析

方法很重要。家长总喜欢拿大道理来教育孩子，其实家长如果进行反思，会发现这种教育对孩子来说很难起到作用，如果我们光强调道理而不去认真思考如何让孩子做，那就是自欺欺人。我们做家长的要切记，没有两个人的道理是完全一样的，所以拿大道理来教育孩子，对别的孩子或许会起作用，但对你的孩子可能收效甚微；在一件事情上起作用，但是在另外一件事情上或许就不起作用了。如果我们不从教育的效果出发，只是把道理讲得又圆又好，只能加深孩子的反感和抵触。对孩子进行教育时，如果我们只想着讲道理，其实是消极应对。

如果不能区分哪些是道理，哪些是方法，你可以自己体会一下。当你讲道理的时候，虽然看起来苦口婆心，费尽心思，但是讲道理是很轻松的事情，而给出方法就需要我们花费一些心思，想一想具体事情到底该怎么做，这么小的孩子该怎么做。

家长反馈

今天完成这个作业时，我发现了我的问题。以前我觉得在孩子的教育问题上，老公要比我做得差多了，因为他不怎么管孩子，孩子的管理和教育几乎都是我来做，所以无论谁都认为在孩子的教育上我比他更胜一筹。但是今天在认真完成这个作业的时候，我观察到一个现象，就是孩子们更听爸爸的话，而我要求他们做的事他们总是拖拉不做。

我对大儿子说："儿子，你别玩iPad了，写作业去，你都这么大了，不知道先写作业吗？你不要让妈妈天天说你。"结果大儿子不动。老公对大儿子说："儿子，把英语语音作业发到作业群里。"结果大儿子去了。我对小儿子说："儿子，你看了好久电视了，赶快关了，看电视时间长了对眼睛不好。你快关了，再不关妈妈生气啦。"就在我要爆发的时候，老公拿着一个球过来，拍拍小儿子的头，说："儿子，快来，玩球时间到啦。"小儿子头也不回地跟爸爸走了，留下我在原地反思了很久。

感谢今天的作业，让我意识到了我的问题。在面对孩子时，我总是喜欢讲道理，总有一种希望，就是孩子们赶快长大，赶快明白道理。而老公显然比我有方法。

作业日志

今天的作业是否完成：

作业日志

作业感受：

第17天
核实

作业

今天学会问孩子：“你是这样想的吗？”

有时候我们真的是以自我为中心，遇到孩子发生什么事情，我们就理所当然地认为是我们以为的原因，连问都不问孩子。今天一整天，要学会核实，发生事情要学会问孩子一句：“你是这样想的吗？你是这个意思吗？”当然，这个作业也适用于与其他人的沟通。

作业故事

很多时候，我们是活在自己的主观世界里的，遇到事情，就凭借自己的经验和想法下结论，而不管孩子究竟是怎么想的，从而造成误会，影响亲子关系。核实有诸多好处，如果发生了矛盾，你一味按着自己的想法要求和指责孩子，恐怕收不到什么好效果。

一位家长向我咨询孩子写作业特别拖拉怎么办，这位妈妈因为写作业跟孩子发生过好多次不愉快。我问这位妈妈："遇到孩子写作业的问题，你都是怎么应对的？"妈妈很无奈地说："这孩子太磨蹭了，总是拖拖拉拉，要是他用心写，一会儿就写完了，每次我都得吼他，你快点儿写，你快点儿啊，不断地催促他。"结果就是孩子做作业需要妈妈一直催着，同时孩子对妈妈的催促越来越有免疫力，妈妈气得不知如何是好。我对孩子的妈妈说："你了解过孩子为什么写作业这么拖拉吗？"妈妈非常自信地说："那还用问，他就是磨蹭，就是不积极。"

这位妈妈就是陷入自己的主观世界里了，她认定孩子就是态度有问题，不愿意积极做作业。但是，当我把孩子叫过来，了解孩子的情况，我发现这个小学一年级的孩子根本没有适应小学的生活，连握笔的姿势都不对。我问他：“你为什么不快一点儿写作业？”孩子无辜地看着我，回答说：“我很快地在写了啊。”可见，这个孩子写作业拖拉并不是态度问题，而是能力问题，孩子刚刚上小学，没有学会正确书写，自然就慢，而妈妈在自己的主观世界里，并没有真实地看到孩子的问题，不断催促，不仅没有帮孩子解决问题，还让孩子对催促产生了免疫，不把妈妈的催促当回事。如果妈妈不陷入主观的评判中，而是认真核实一下，问问孩子困难在哪里，然后有针对性地想想解决办法，帮助孩子练习，孩子的能力提升了，问题自然就解决了。

有很多家长因为不去核实情况，遇到孩子的问题，就一概归结为孩子的态度有问题、思想有问题、性格有问题……似乎除了抱怨和指责，就没有任何办法了。而如果我们学会核实，就会找到问题的根本原因在哪里，才能真正解决问题。

心理解析

不会核实的家长会陷入严重的关系问题中，亲子关系差只是其中一个方面。因为不懂得核实，本质上就是活在自己的世界中，不容易看到其他人、关注到其他人，更不可能真正知道其他人是怎么想的，从而就不能真正与其他人沟通。没有沟通，就没有关系。

在亲子关系中，因为孩子的地位本来就处于弱势，孩子的想法和看法很容易被忽视。所以，如果我们学不会核实，孩子的生存状态是很艰难的。而我们逐渐学习核实这个技巧，我们改变的不仅是亲子关系，同时，也会改变我们自己的状态。

我曾经遇到过一个从不会核实别人想法的咨询者，他很痛苦、不开心，因为他的公司会计给公司的微信群里发了一个“月收入超过1万元要特殊报税”的通知，结果全公司的人几乎都回复了“收到”，然后他就崩溃了，他认定除了他自己，全公司的人月收入都已经超过1万元，这种状态折磨了他很久。后来他找我咨询，我提示他：“你有核实过吗？是只有收入超过1万元的人需要回复，还是全体员工收到通知都要回复？”因为，作为一个旁观者，我很清楚，一个公司的员工不可能工资水平全部超过1万元，而只有他一个人工资低。结果，他恍然大悟地说，他的公司有规定，所有在工作群里发的通知，大家都要回复“收到”。那一刻我都替他长长地出了一口气，否则他将继续活在自己的世界里自我折磨。

家长反馈

姐姐想要妹妹搭好的乐高上两块湖蓝色块的其中一块。“涵涵，你能分享给我一块吗？”“我现在还不想和你分享！”几个回合下来，姐姐开始哭哭唧唧，试图开抢，妹妹也哭哭唧唧到处躲，姐姐最终抢走一块，妹妹放声大哭，把手里的乐高“啪”地扔在了地上。我对妹妹说：“涵涵，妈妈抱抱。姐姐抢东西，你很生气，也很难过，是不是？”涵涵用力点点头，紧紧趴在我怀里。我也不再多言，任她哭了一会儿。过了一会儿，我问姐姐：“曦曦，为什么一定要那块蓝色的呢？别的颜色不可以吗？”她回答：“我就是很喜欢那块蓝色的，我真的真的真的很喜欢嘛，涵涵不给我！”和我预想的差不多，越不给分享，越想得到。两个孩子的日常玩耍中，居然让我窥到很多成年人都有的情感，或许是羡慕，或许是嫉妒，从觊觎到巧取豪夺。

以前，我面对此类情况，一方面急于调停两个孩子的矛盾，会严厉批评抢东西的那个，或者惩罚。对被抢的孩子，我也只会不停地说：“行了，行了，别哭了。”而不会去思考孩子为什么会这样，到底是不是如我想，如我见。现在，我开始学着先核实，再解决问题。

NOTES

作业日志

今天的作业是否完成：

作业日志

✔ 作业感受：

第 18 天
尊重

作业

今天要尊重孩子的感受，让孩子决定他自己的饭量。

尊重孩子似乎是我们听得最多的词，但是我们究竟做到了多少呢？“我妈觉得我冷”“我姥姥觉得我饿”这样的调侃是正常吗？今天一整天，要尊重孩子的感受，用餐时要让孩子自己决定吃什么、吃多少、何时吃饱离席。

作业故事

孩子特别需要成人的尊重，一个得到成人尊重的孩子，会很快确立自己的想法、自己的意愿、自己的做事标准，而不是人云亦云，没有自己的主见和目标。

我的大儿子小的时候发生的一件事情，让我至今记忆深刻，并引以为傲。当时他上学前班，适应学校很快，我特意给老师发微信表达感谢，老师回复我说："你跟孩子说，老师和妈妈一样爱他。"说实话，我当时看到这话非常感动，感觉真的遇到了一位好老师。晚上回来，我跟孩子说了这件事情，也想让他高兴高兴。怎么也没有想到，孩子听完之后摇了摇头，十分肯定地说："这不可能。"我追问："为什么？"他说："老师爱表现好的孩子，妈妈什么样的都爱。"那一刻，我真是惊呆了，他对事情有完全自主的看法和想法，并不受妈妈和老师这样的权威人士的影响。这一点我自己都是做不到的。我的孩子从小是被尊重的，到了一定年纪就表现出了被尊重的心理优势。

心理解析

“尊重孩子”看似是一个口号，不知道从何做起，接触了那么多孩子和家长，我认为对孩子的尊重最有效、最好执行的就是我总结的这个作业。尊重孩子的感受，特别是衣食住行这些生活中的事情，不要将你的意志强加在孩子身上。究竟哪种食物好吃，哪种食物适合，哪件衣服漂亮，穿什么舒服，冷不冷，热不热，饿不饿，这些都是孩子自己的感受，都应该孩子自己说了算。

感觉和感受是一切高级思维和心理活动的基础，没有真实可靠的感受，一个人就不可能再有其他更高级的心理活动，就不可能成长为一个真正独立的个体。如果孩子觉得不冷，你一定要说他冷，逼着他穿衣服，孩子的内心是什么样的呢？他首先就是激烈地反抗，然后是屈服，最后是不知所措，开始怀疑自己的感受是不是不对。如果一个人对自己的感觉、感受都不确定，他对什么能确定呢？自信从何而来？

我遇到过家长问我这样的问题：“老师，怎样才能让孩子又听话，又有自己的主见？”这个问题真的难倒早教专家了，我只好实话实说办不到，我没有办法让孩子一切听大人的安排，完全顺从，但同时还得有自己的主见。一个被尊重的孩子看起来可能是不听话的，除非你们的观点一直一致，否则孩子一定会有自己的想法，不会完全顺从。我们养育孩子，听话从来不是教育目标，让孩子有自己独立的想法，离开家长能更快融入社会，才是教育的重点。所以，坚持做关于“尊重”的作业，孩子会发生很大的变化。

家长反馈

没孩子的我，就先练习尊重他人吧。之前楼上漏水漏到我家，约好了装修师傅周六来修理墙面，但师傅周六突然来不了了，我先生就把时间改到了周日。而周日我们本来已经跟朋友约好聚会，那怎么办呢？我先生觉得要赶快把房子处理好，这次聚会就取消延后吧。而在我看来，都跟朋友约好了，不应该临时改变，修理房子稍晚两天也可以。我当时特别想用教导的语气告诉他不能这样，应该怎样怎样才对。好在我忍住冲动， 沟通完事情就挂了电话。刚挂断电话，我就想到，我是比较注重关系的人，而我先生更注重解决问题，所以对于刚才事情的态度，并没有谁对谁错，只是性格不同的人做的选择也不同而已，我要理解并尊重别人的差异性。这样想着，一下就释然了。

TIPS

看到这位女士的分享，我非常感动，因为做家庭教育这么多年，来上我课的人几乎都是妈妈，很少见到没有孩子的人来上课。通过她的分享，我确信了一件事，接纳即是爱，无论有没有孩子，学会接纳都该是我们的人生必修课。在这个反馈的作业中，我们看到了很重要的一点，做到真正的尊重，就是要认识到人与人之间的不同，没有绝对的对与错，你就会允许不同的存在，那么就真正做到了尊重，对方也会感受到你的尊重。

在此需要澄清的一点是，尊重不等同于忍受，忍受本质上并不是尊重，你在忍受对方的时候，实际上是在批判对方，只是你的姿态更高，不跟对方计较罢了。这样反而会破坏关系。

NOTES

作业日志

今天的作业是否完成：

作业日志

作业感受：

第19天 表达

作业

今天对孩子说一次“我爱你”。

有时候，我们会羞于表达爱，总觉得孩子知道。但是表达出来的爱，孩子才能更真实地感受到，不缺爱的孩子才会更有安全感、更自信。今天一整天，请对孩子认真说一句“我爱你”。同样的作业适用于对其他的家人。勇敢者请挑战对自己的先生（太太）、自己的父母、自己的公婆等，说出“我爱你”。

心理解析

不少家庭的亲子关系中，是缺少“爱”的表达的。我们崇尚心里有爱，但是不表达出来。长久下来，我们就羞于表达。学会对孩子、家人表达爱意，把我们心中的感受说出来，让他们知道我们有多么爱他们，是非常重要的一件事。

家长反馈

• 反馈1

每一次领到老师留的作业，我都觉得简单，但是认真地做完作业，我的收获却很大。我一直觉得自己最爱孩子，自从有了孩子，我的重心几乎都在孩子身上，但领到这个作业的时候，我才发现我可以为孩子做很多事情，却几乎没对孩子说过“我爱你”。我这一天都在寻找恰当的机会对孩子说“我爱你”，直到晚上，孩子要睡觉了，我对着他说“妈妈爱你”，孩子抬头问了我一句：“妈妈，为什么呀？”我才知道，我对孩子这样的表达太少了。不仅如此，我发现我真的非常不擅长表达自己，跟家里其他人也从来没说过这样的话。我要学会表达。

• 反馈2

因为我对孩子表达“我爱你”很容易，所以这次的作业我挑战了向父母表达“我爱你”。我自认为与父母的关系非常好，但是领到这个作业的时候，还是觉得很难，我说不出口。我打电话给我的父母，先跟爸爸聊了两句，觉得“我爱你”这三个字说不出口，就让爸爸把电话传给妈妈，再跟妈妈聊了两句，但是“我爱你”这三个字依然说不出口。最后我鼓足了勇气，终于努力对父母说出了“我爱你”。可是爸爸听了这话并不高兴，反而质问我：“你喝酒了吧？你喝醉了吧？”妈妈听了这话，嗔怪我：“这孩子，没事说这个干什么？”可见“我爱你”这样的表达也吓着他们了。虽然我是迫于完成作业的压力说的“我爱你”，但是在那次“我爱你”的表达之后，我和父母的关系发生了重大的改变，我们的关系更加亲密了，我和父母之间那种无形的压力感消失了。我会继续努力，真正学会表达爱。

NOTES

作业日志

✓ 今天的作业是否完成：

作业日志

✓ 作业感受：

第20天
界限

作业

今天要平静地拒绝孩子，平静地接受孩子的拒绝。

亲子之间界限不清楚，是很多亲子问题的根源。清晰的界限是从学会说“不”和接受别人的“不”开始的。所以今天要学会拒绝孩子，不带任何评判和情绪，平静地告诉孩子：“对不起，我现在没有时间，10分钟后再说好吗？”“对不起，我不想给你买这个。”今天的任务就是做到平静地拒绝孩子一次（因为他非常有可能哭），也平静地接受孩子的拒绝。

作业故事

今天，我在我的“小学员”身上练习了一下“界限”这个作业。下课后，一个宝宝拿着饼干，她姥姥让她给我一块，我问：“宝宝愿意分享给我吗？”宝宝摇头笑着说“不要”，结果旁边的姥姥脸上就挂不住了，立马批评孩子：“你怎么能这样呢？这样不是好孩子！”貌似好多老人都爱这么说孩子。于是我就告诉姥姥，不可以因为孩子的某一个行为而攻击她整个人。孩子做了一件错事跟孩子是不是一个好孩子之间没有任何联系。我说了半天，姥姥终于被我说通了，明白了其中的道理。另外，我也觉得这个宝宝坚持自我做得非常好。这个宝宝不是自私的孩子，她经常把东西给我们分享，只是今天这个饼干是她的最爱，她不愿意拿出来分享而已。

关于界限，不同人的理解是很不一样的。但是，如果你破坏了别人的界限，别人就会产生压抑、愤怒、委屈、痛苦等负面情绪。我们传统教育一个很大的问题就是没有界限，我们会在不知不觉中将自己的想法、愿望、要求、焦虑和恐惧投射给孩子。无形中，孩子就在发展自我的过程中承载了太多。改变这种问题要从改变自我的界限开始。

心理解析

界限是保证孩子、保证我们每个人成为独立的人最基本的需求。但是因为孩子的自我界限是在成人的养育下逐渐形成的，他从一个母婴共生体状态，逐渐成长为一个独立的个体，这是一个漫长的过程。如果养育孩子的成年人心理界限不清晰，就不能把孩子看成一个独立的人来对待，会破坏孩子的心理界限。大家可以测一测，你有没有界限？你有没有破坏孩子的界限？以下这10句话你是否跟孩子说过？

1. 你总是要这要那，你不是好孩子。

2. 我是你爸爸，你就得听我的。

3. 你不跟叔叔、阿姨打招呼，不是好孩子，没人喜欢你。

4. 包办孩子的一切："这个你不会，那个你不用管。"

5. 你哥哥在你这么大的时候就会了，你怎么还不会？

6. 不断地对孩子诉苦："我这么累都是为了你！我这身体的疾病都是照顾你累出来的。"

7. 爸爸妈妈容易吗？为你牺牲太多了！如果不是你，我早就事业有成了。

8. 不能控制自己的情绪，迁怒于孩子：“你怎么这么笨？我怎么生了你这么笨的孩子？”

9. 漠视孩子的需要，忘记履行自己许过的诺言，并对孩子说：“你的事情重要吗？我有更重要的事情要做。”

10. 轻易打断孩子之间的交谈，或者为了赶时间而中断孩子正在进行的活动。

可能我们多数人都对孩子说过这些话，那我们就该努力改变和调整这种状态。界限不清晰的亲子关系有很多种，它们的表象不同，但本质是一致的。

第一种，家长自己没有界限，过度付出，在亲密不可分离的亲子关系中获得成就感。

很多界限不清晰的父母，自己从心里接受不了和孩子的分离，想方设法迎合孩子的需要。有一位妈妈跟我说，养孩子快累死她了，因为每夜要起来数次给孩子喂母乳，晚上睡不好，白天照顾孩子的衣食住行，她又要亲力亲为，因此白天精力不足，整个人状态特别不好，同时她对家人有很多的怨怼。我说：“孩子已经一岁半了，你应该给他断掉夜里的奶了，你晚上也好好休息一下。白天照顾孩子，也可以让家里人帮帮你。”这位妈妈说：“我觉得孩子还小，如果晚上不给他喂母乳，他会哭，会睡不好，会影响成长。白天的照顾，假手别人，我也很不放心。”这种状况我很理解，但是我也很担心，因为这位妈妈养育孩子真的非常投入，以至于根本没有关注到自我，破坏了自我的界限。这样下去，妈妈会在无形中期望孩子的依赖，尤其是只对妈妈的依赖，这样才会让自己的付出显得更有意义，孩子的独立成长之路就会被限制。

第二种，家长自己不承担责任，把自己的焦虑和烦恼都推给孩子。

有一位妈妈跟我说，女儿学校的老师找了她，因为她的女儿总是喜欢跟班里的另外一个女生在一起，两个人经常因为聊天跟不上集体的节奏。老师建议妈妈管理一下孩子。这个妈妈听完老师的话之后，回家就跟女儿说："你们老师说了你在学校的情况，因为跟×××说话，总是跟不上集体活动的节奏，你以后要注意一下，不要总跟×××一起玩了。"女儿听了以后，很伤心、很难过。这位妈妈似乎在孩子的反应中觉出了自己做得不妥之处，所以来向我咨询。我如实对她说："从这件事看出来，你是一个善于转嫁焦虑的人。老师找你说孩子的事情，你很焦虑，所以你立马找来孩子，给孩子一个简单粗暴的要求，让孩子焦虑起来，你并没有承担你该承担的焦虑和压力，而是迅速推给了孩子，这个过程就是破坏孩子界限的过程。"当我们界限足够清晰的时候，我们不会随意转移自己的焦虑。家长遇到问题，应该想办法根据实际情况找到解决问题的方案，而不是把问题直接推给孩子，比如，跟孩子核实一下发生了什么情况，有什么问题，孩子打算怎么解决。家长应更全面地了解事情发生的原因，然后针对问题，跟孩子商量该怎么做。这样的态度就是界限清晰地解决问题，孩子也会非常清楚该怎么做，不会被莫名投射过来的情绪所控制。

第三种，不懂得拒绝，不接受拒绝。

界限不清晰的人，很难拒绝别人，同时也很难接受别人的拒绝。因为界限不清晰的人会以维护关系为假象，不惜一切代价地维护关系，这种关系往往是畸形的。明明别人已经侵害了你的利益，让你不舒服了，但是为了维护表面的和谐关系，你会选择忍让。如果不懂拒绝，孩子想怎么样就怎么样，你就是用这样的方式去满足和维护亲子关系，孩子一定会一而再、再而三地试探你的底线，他也会用这样的模式与别人相处，终会惹人厌。不接受拒绝也是我们大部分人的通病，尤其是我们本着好心做的事情，别人却拒绝，这会让我们很愤怒。我们辛辛苦苦给孩子做了一顿饭，但是孩子吃了两口就不吃了，我们会很生气，不能接受他的拒绝。因为当我们界限不清晰的时候，我们会认为，拒绝我的要求，就是在拒绝我这个人，那么肯定是我不够好，才会遭到拒绝。所以界限不清晰的人，会给自己很多的“故事”。要想做到界限清晰，成为一个独立而健康的人，我们一定要学会拒绝别人和平静地接受别人的拒绝。

家长反馈

有界限一直是我在和长辈相处时希望达到的理想境界，我们这一代深受长辈没有界限地爱我们之苦，所以我会特别在意以后和孩子之间的界限。

刚有孩子的时候，新鲜感、母爱爆棚，我会毫无边界地爱孩子，哪怕牺牲自己的健康也在所不惜。现在我学会了尊重自己，有界限地爱她，当我抱她腰累了，会跟她说妈妈累了，要歇一会儿，即使她不愿意，哭闹起来，我还是会坐下来休息。孩子不舒服，晚上睡不好，我婆婆要和我晚上换班，以前我坚决不同意，觉得婆婆在和我抢孩子，现在我能体会婆婆的关心，也愿意面对自己的疲惫。我觉得有界限地爱才会让孩子没有爱的负担，才能轻装上阵去面对生活。

NOTES

作业日志

今天的作业是否完成：

作业日志

作业感受：

第21天 共情

作业

今天与孩子共情3分钟。

孩子的情绪有喜悦、高兴、欣喜若狂、得意忘形，有悲伤、难过、痛苦、歇斯底里。每每发生这种情况时，我们都急于“帮助”他，让他回归常态。我们第一时间的反应是，这不好吧？他怎么能笑成这样？他怎么能哭成这样？可是在孩子的情绪体验中，家长能够与之共情，才会让孩子感受到你真的看到了他，尊重他，他的感受才是真实可靠的，他才能发展出更好的自我价值感。所以，今天的作业，在孩子发生情绪波动的时候，我们要与之共情，高兴着他的高兴，悲伤着他的悲伤，3分钟之内什么都不要做，只是与之共情。我们可以反复跟孩子说："我知道你很伤心。""我知道你很高兴。""遇到这样的事情，所有人都会伤心，我来抱抱你吧。"

心理解析

在应对孩子的情绪问题时，最有效的方法就是共情。只要这个方法使用对了，“走心”地感受到了孩子的感受，它可以让孩子很快安静下来，屡试不爽。

在与孩子共情时，最难做到的就是抛开自己的期待，抛开“最终目的”去共情。我们往往都带着达成自己最终目的的一颗心去跟孩子表达共情，比如，我们共情是为了让孩子停止哭泣，放下自己的坚持。可是这样一来，我们的目的就不够纯粹了，我们的感受能力就变差了。别小看孩子，孩子立马就可以感受到，你会发现，这样的共情通常没有任何效果，孩子完全不领情。

我们可以来对比一下两种不同的共情语言的效果。

“妈妈知道，你现在很生气，是因为你想吃巧克力。我猜你不想吃饭，只想吃巧克力。”

“妈妈知道，你现在很生气，是因为你想吃巧克力，但是你吃这么多巧克力对你牙齿不好。”

哪一种才是孩子的真正感受？孩子本来觉得“是的，妈妈，你真理解我”，可是你一加上“但是……”，你和孩子的共情连接就断开了。“原来妈妈理解我都是假的，她是有目的的！”一旦孩子有了这样的想法，他的做法就会更加对抗了。只有单纯地让自己变成孩子，去感受，才能真正走进孩子的内心，与孩子共鸣。孩子感受到了你的用心，才会把自己的心交给你，愿意跟你一起分享开心的和不开心的。他把心交给你，才愿意听你的话。

共情是一种能力，需要抛开自己内在的价值观和信念系统，进入另一个人的世界。共情这项能力的修炼是一个漫长的过程，在这个自我成长的过程中，别忘了要始终向孩子传达这样的信息：“妈妈爱你，妈妈就在这里。”孩子感觉最糟糕的时候，就是最需要你的时候。

有人会说，你说的共情就是要惯着孩子吗？不跟他讲道理，他什么时候能明白呢？共情并不是娇惯孩子，而是通过感受和理解孩子的情绪，让孩子的情绪得到释放。一个人处于极端的情绪状态，理智的大门是关闭的，跟他讲道理，只会增加你们之间的对立，这与说教没有什么区别。而当孩子的极端情绪得到释放，他的理智就会慢慢回归，你不跟他讲道理，他也明白这件事该怎么做。

我经常给妈妈们讲故事，让妈妈们自己去体验什么是共情。如果你回到家，跟自己的先生说：“我想要一枚钻戒。”然后你的先生说：“钻戒有什么好的？要什么钻戒？”或者说：“钻戒又贵又没有什么实际用途，买它做什么？”你的怒火肯定油然而生，你不会去思考他的话有没有道理，你只会怒气冲冲，开始怀疑他是否真的爱你，是否在意你的感受，然后你就会执着地想要得到那枚钻戒。但是，如果你的先生对你的反馈是："钻戒真的很好，女人都该有一枚钻戒，尤其是你。"你听完之后是什么感受？你会觉得自己的感受得到尊重和理解，你会心花怒放，觉得先生很爱你，很在意你，然后你的理智就回归了，你会自己思考，现在是不是买钻戒的合适时机，要不要买。孩子想要什么东西，从开始的表达到后来的哭闹，整个心理过程跟你是一致的。

家长反馈

老师留的这个作业，对我来说有些困难，我看了很多书，特别知道跟孩子共情的重要作用，但是往往做不好。以往遇到孩子哭闹的情形，我会很着急，想着怎么让他不哭。我会安慰他，给他建议，想办法转移注意力，但是都没有用，然后我就会生气，训他、威胁他、不理他，最后以两败俱伤告终。

这次因为要完成作业，孩子哭的时候，我没有着急采取行动，而是像老师说的那样，什么都不做，只是在感受着孩子的感受。我惊讶地发现，我并不着急让孩子停止哭泣，不着急解决问题，于是看到了一个因为妈妈拒绝了他的要求而伤心难过的孩子。我甚至通过他的悲伤，感受到了他内心的委屈和恐惧，我发自内心地对他说："儿子，妈妈抱抱。"我没有愤怒，没有期待，什么都没有，那一刻只想抱抱孩子。令人惊讶的是，在我怀里，他的哭声渐渐止住了。以往我千方百计想让他止住哭泣都做不到。这一次的作业让我理解了真正的共情是什么，感谢老师留的这个作业。

作业日志

今天的作业是否完成：

作业日志

作业感受：

第22天 应得

作业

今天要真诚地对孩子说："这是你应得的。"

一个人若有"应得"的感觉，对这个人意味着什么呢？意味着自信、快乐、幸福和感恩。一个人若有"不值得"的感觉，那会有多糟糕呢？世界上美好的东西那么多，但是我不值得拥有，这真的很糟糕。我们有没有培养过孩子这种"应得"的感觉呢？我们不但没有培养，甚至在破坏孩子的这种感觉。所以，今天的作业是，当孩子对你表达感谢时，你可以真诚、认真、温和地告诉他："不用谢，这是你应得的。"当孩子得到他想要的玩具或者东西时，你告诉他："宝贝，这是你应得的，好好享用吧！"

心理解析

“应得”是一种感觉，这种感觉会驱动我们做很多事情。比如，我们都会觉得，别人送给自己东西，证明别人心里有自己，这应该是一件非常值得高兴的事情，但心中却一直纠结和不安，总想着要偿还。大家想一想，在什么情况下，我们才会有偿还的感觉？就是这个东西不属于我，是别人的，而我借用或者占有了，才需要偿还。这归根结底是因为没有“值得拥有”的感觉，导致我们在接受的时候心生愧疚，觉得自己不该接受，一旦接受了，就会想方设法偿还。这在很多关系中都很常见。当然，也有极端情况，就是明明心里很想要，表面上却拒绝接受。

也许有很多人认定，这样的关系是很正常的人情世故，不这样才不对吧？而事实是，坦然接受有非常重要的意义。坦然接受是发展良好人际关系特别重要的部分，一个人能够坦然接受别人的给予，首先会让给予的一方很开心，觉得自己的给予是有意义的。你可以试想一下，如果是你自己给了别人帮助或者东西，却导致别人不断内疚和自责，你还会愿意给予对方吗？其次，一个人在接受别人的给予时，如果很坦然，那么他在给予别人的时候就不会傲慢。

这两点有非常重要的意义，如果我们能够理解接受就等于给予的时候，我们在发展人际关系时，就会非常轻松。在接受与给予的过程中，人与人就相互联系起来了。但是如果我们不能坦然接受，在接受的时候心生愧疚，那么我们就会在给予的时候很傲慢，甚至有些人在给予的时候总是期待回馈的。这会严重影响我们的人际关系发展。这个作业就是要消除孩子内心的愧疚感，让孩子从小就学会坦然接受，知道自己是“应得”的。

家长反馈

这个作业我觉得很难，因为听到“应得”这个词，我会有一种莫名的紧张和焦虑，甚至有一些愧疚。回想过往的经历，我发现自己从来没有“应得”的感觉。我其实很害怕接受别人的礼物或者帮助。有一次，邻居给我送来了排骨，她说是她的朋友送的绿色有机排骨，自己家也吃不完，就给我送来一些。盛情难却，我接受了。但是接受之后，我一直纠结，我该给她还回去点儿什么？是的，当时脑子里的想法就是该还给她点儿什么，总觉得接受了别人的礼物，就是欠了别人的东西。今天我才知道，我这是没有“应得”的感觉，任何别人给予的东西都会让我有深深的愧疚感，会不断督促我去偿还这个人情。而且我在家人面前也是这样的，如果我想吃点儿什么，就会问家里的其他人想不想吃，如果他们不想吃，我就会放弃；如果他们恰好也想吃，我就会非常高兴，然后就去买这个东西。

作业日志

✓ 今天的作业是否完成：

作业日志

作业感受：

第23天
积极

作业

今天无论发生什么事情，坚持说“我很幸运，我可以”。

发生任何事情，都如一枚硬币有两面性，但是我们常常关注负面的内容。比如：孩子摔倒，我们关注的是孩子摔疼了，而不是庆幸孩子没摔坏；孩子内向，我们关注的是孩子胆小，而不是孩子谨慎。日积月累下来，你就容易成为悲观而消极的妈妈，孩子也会受你影响，成为这样的人。所以，今天一整天，要学会积极思考，任何事情都要看到它积极的一面。把口头禅换成“我很幸运，我可以……”“这样挺好……”，日积月累，你会把自己和孩子变成幸运儿。

作业故事

“积极”这个作业的设计，是受一个故事的启发。故事是这样的：

从前，有个老太婆天天哭泣，为晴天哭，为下雨哭。因为她的大女儿嫁给了伞匠，如果晴天，伞就销不动；而她的二女儿嫁给了衣服铺老板，如果下雨，衣服就会因雨天而卖不动。后来有人劝她说，如果晴天了，你二女儿的衣服就好销了，应想到为她高兴；如果下雨了，你大女儿的伞就好销了，应想到为她祝贺。老太婆一想有道理，哭婆从此就变成了笑婆。

读过这个故事，我思索了很久。自然如常，阴晴不定依旧，但是换一个角度去看，整个人的心境就发生了巨大的变化。客观世界并没有改变，可一旦我们的思维方式改变，我们自己的世界也就变了。

这是非常重要的一个作业，我们必须改变自己消极的思维方式，教会孩子积极的思维方式。

心理解析

思维转变是一瞬间的事情，但是要有持续的积极信念。遇到问题积极思考，需要不断地练习，这个作业反复练习，就能把这种思考方式固定下来，让孩子学会积极思考。

让孩子学会积极思考，积极面对生活，除了思维的转变，还需要教会孩子遇到问题想方设法解决。孩子如果有更多的方法面对困难，他就有坚持下去的勇气和信心，才会在面对困难的时候更加积极。我们要给孩子树立一种信念，做事遇到困难并不可怕。任何事情都有两种以上的解决办法。很多人遇到困难或挫折就痛苦不堪，沮丧放弃，本质上并不是能力出了问题，而是认知出了问题，陷入了死胡同。如果孩子认为一件事只有一种解决方案和办法，而这个方案和办法做不到、达不成的时候，就是绝望无助的。我们培养孩子，就是让孩子知道任何事情都有两种以上的方法可以解决，这个积极的信念非常重要。而且这是有方法可行的，我们可以跟孩子玩一些思维游戏，比如：请你说出3种圆形的物品；请你说出5个不去的理由；请你说出这个东西的10种用途。这样的游戏和练习，会让孩子的思维方式变得更加开放，不会陷入死胡同。这条路走不通，就试试另外一条路。总之，知道什么事情都有两种以上的方法来解决，孩子遇到困难和问题的时候有更多的方法去面对，就有更多的勇气和信心，也会更积极地面对。

家长反馈

•反馈1

以前一到下班的时候，我婆婆的电话就一定会打过来，问我什么时候到家。我一接到这样的电话就很恼火，觉得婆婆是在管我、约束我、限制我。但是碍于情面，没有跟婆婆发过火，我不知道该怎么做，她才能不这样给我打电话。这个关于“积极”的作业让我突然意识到，我婆婆给我打电话，更多的是关心我，她是在确认我什么时间到家，做的饭才刚刚好，不早也不晚。想到这一点，我觉得我的世界都亮了，我很开心，接到婆婆的电话再也不烦了。我跟婆婆说，我下班会准时回家，如果不能准时回家，我会给她打电话，不用婆婆总惦记给我打电话了。结果婆婆非常愉快地同意了，这件事情就这样解决了。

•反馈2

看到这个作业，我觉得很愧疚，因为我是这个“积极”作业的反面教材，我遇到问题就会往坏的一面想，越想越焦虑。直到有一天，我看见孩子不小心把吃着的一块饼干掉在地上，他随口就说了一句“我可真倒霉”，我才猛然意识到，“我可真倒霉”是我自己的口头禅，竟然在不知不觉中就“传染”给了孩子。我尝试改变，今天就收到非常好的效果。以往我来到地铁站，如果正好有一列地铁开走，我会随口说：“我可真倒霉，就差一点点，没有赶上这班地铁。” 这次我打住了惯性的思维，按着作业的要求去做，我看着远去的地铁，对自己说：“我很幸运，可以喘口气，下一班地铁到来后我可以第一个上车，说不定还有座位呢。”转念一想，我真的觉得挺好，以前我怎么就那么跟自己过不去呢？还在不知不觉中影响了孩子。

NOTES

作业日志

✓ 今天的作业是否完成：

作业日志

作业感受：

第24天
信任

作业

今天要信任孩子。

成人的很多观点和信念以及对孩子的“爱”来源于恐惧，担心孩子这样那样，总是费尽心思管理和控制孩子。要么孩子如你所愿地成长，但是赢了天下却丢了自己；要么孩子与你反抗到底，你痛苦，孩子也痛苦。所以，今天开始要学会“信任”，满怀爱意地信任孩子，信任他知道什么对他自己好，信任他清楚自己要什么。当看到孩子的“问题”时，告诉自己“别担心，这只是暂时的，孩子会知道怎么做，我该让他自己解决”。爱和信任是孩子心灵的滋养剂。

作业故事

先跟大家分享一个故事。如果你是故事中的妈妈，你会怎么做？

一位妈妈下班回到家，看到五岁的儿子在边吃面包边看电视。妈妈和孩子打过招呼之后，进入厨房去给孩子准备晚餐。可是，一走进厨房，这位妈妈发现，前天刚买的一大瓶花生酱全洒在地上了。家里没有别人，只有孩子，这个时候妈妈会怎么想？

A　这一定是孩子干的，他怎么这么淘气！

B　这是什么情况？我得了解一下。

然后妈妈就喊来孩子问："儿子，这是怎么回事？"听到妈妈叫自己，孩子走过来问妈妈什么事情。这个时候，妈妈也有两种情况：

A　质问孩子："这是怎么回事？"

B　询问孩子："花生酱洒了，你知道是怎么回事吗？"

孩子看到这情况，迅速回答："妈妈，我不知道，我一直在看电视。"这位妈妈听到儿子说的话，有两种反应：

A　"你别说谎啊，要跟妈妈说实话。"

B　"好的，没事了，妈妈只是想问一下。"

儿子出去之后，这位妈妈有两种反应：

A　**这孩子一定在撒谎，他怎么开始撒谎了呢？**

B　**这是怎么回事呢？我得了解一下。**

看到这里，你自己评估一下，你会是A还是B？我们可以看出，B是更客观地面对这件事情，对孩子的态度始终是信任的，而A是主观的，很多事情已经先入为主了，对孩子不信任、有偏见。大家想一想，两种不同态度养育出的孩子会有什么差别呢？

我遇到过一位向我咨询孩子总是说谎该怎么办的妈妈。我详细询问了孩子的情况，了解到孩子的撒谎主要表现在学习方面。妈妈回到家问孩子作业写完了没，孩子会说写完了，然后妈妈就去检查孩子的作业，发现孩子并没有写完，就批评孩子一通，说孩子撒谎。其实对于小学二年级的孩子，作业记得不全，写的时候丢三落四，这都是很正常的事情。如果妈妈对孩子保持一种信任的态度，就不会有这样的反应。在孩子说作业都写完了之后，妈妈可以再问一下，你的数学作业写完了吗？英语作业写完了吗？而不是心存怀疑，直接去检查孩子的作业，然后批评孩子说谎。所以，这件事情表面上看是孩子在撒谎，但是，问题的根本在于妈妈不信任孩子，导致对待孩子的言语和行为都有偏差，孩子越发紧张而不能正常表达。

心理解析

能否得到家长的信任是一个孩子是否健康成长的关键。家长是孩子第一重要他人，家长的信任会给孩子充分的安全感和自信，孩子会更敢于自己做事。

有一个著名的“罗森塔尔效应”。美国的一位心理学家罗森塔尔做了一个著名的实验，他和助手来到一所小学，声称要做一个关于儿童未来发展趋势的测验。测验结束之后，他们非常认真地以赞赏的态度，将一份挑选出来的“最有发展前途儿童”的名单给了校长和老师，并且叮嘱他们务必要保密，以免影响实验的准确性。但真实情况却是，他们撒了一个“权威者谎言”，因为所谓的测验出来的名单上的学生根本就是他们随机挑选出来的。但是，8个月之后，奇迹出现了，凡是在名单上的学生，个个成绩都有了非常大的进步，并且各个方面都很优秀。

显然，罗森塔尔的“权威者谎言”起了重要作用，因为权威者说的这个谎言对教师产生了暗示，他们相信名单上的学生是能力出众的、有潜力的，未来是更有前途的。教师对名单上的学生无条件信任，通过情绪、语言和行为传达给了孩子们，使他们强烈地感受到来自教师的热爱和信任，变得更加自尊、自信和自强，从而各方面得到了非常大的进步。当然，教师对这部分学生的期待是真诚的、发自内心的，因为他们受到了权威者的影响，坚信这些学生是最具有潜力的，哪怕有些学生暂时落后。也正因为如此，教师的一言一行都难以隐藏对这些学生的信任和期待，这也给学生带来了更多的信心。

家长反馈

• 反馈1

我一直觉得我是一个信任孩子的妈妈，直到认真去做这个“信任”作业的时候，我才知道，我对孩子是不信任的。我家的宝宝特别爱吃糖，他比别人家的孩子都更爱吃糖，每次给孩子糖的时候，因为担心，所以我总是想方设法“克扣”他的糖，比如先给妈妈吃一口，或者给他小颗的糖。可是有一次去朋友家里，我竟然发现他的孩子可以自己拿取糖果，这简直颠覆了我的认知。但事实是他的孩子虽然喜欢吃糖，却不是没有节制的。我在想，如果我也让孩子自己拿糖吃，他一定会都吃了，我并不相信我家孩子会自我控制。

今天遇到这个“信任”的作业，我想尝试一下。所以，这一次孩子跟我要糖吃，我并没有克扣孩子的糖，就给了他一颗。孩子很快吃完了，然后又跟我要糖吃，我继续不动声色地给了他一颗糖吃。我在祈祷，不要再跟我要糖了。结果孩子又跟我要了第三颗糖吃。庆幸的是，他没有继续跟我要，只吃了三颗糖，之后就不再要了。虽然三颗糖已经超出了我以往给他的糖的数量，但是我没有想到他真的自然而然地停止，不再要糖了。我以为，我不管控他的话，他会一直吃糖，毫无节制。我体验到了信任孩子的好处，我会继续学习。

• 反馈2

说实话，我并不信任孩子，我觉得孩子就得管教，而且要严加管教，让我做这个作业，我有些紧张。

我的孩子四岁了，总是不好好吃饭，饭量特别小，我决定信任孩子，让她自己决定自己的饭量。我跟孩子说：“妈妈相信你自己知道自己需要多少饭，妈妈今天不管你，你自己做主。”一顿饭的工夫，我都没有停止观察孩子，虽然我没有说什么，但是我的眼睛一直盯着孩子，我好想告诉她，你该多吃点儿肉，你该多吃点儿菜。但是因为有作业，所以我忍住了，并没有说什么。第一天吃饭结束，孩子吃的东西并不多，但是孩子停止之前，一直在认真吃饭。第二天吃饭，我依然选择信任孩子，并对孩子说了同样的话，孩子还是认真地吃了饭，虽然她没有按着我希望的方式吃东西。我控制住自己，并没有指责孩子。这样坚持了几天，孩子养成了自己吃饭的习惯，我终于体会到了对孩子信任的好处。孩子会慢慢调整自己的状态，这远比我对她的严加管教要有效。

作业日志

✓今天的作业是否完成：

作业日志

作业感受：

第 25 天
爱自己的身体

作业

今天一日三餐认真吃饭。

爱自己，从爱自己的身体开始。我们有太长的时间忽略了自己的身体，为了工作，或者为了自认为更重要的事情，为了他人，更多的是为了孩子。你匆匆忙忙吃饭或者不吃饭，让自己饿着。为了工作或者他人，你不让身体休息，让自己累着，甚至休息时会心生愧疚和焦虑。一直以来，你没有好好照顾你的身体，你没有爱自己。今天开始，你要爱自己的身体。一日三餐，要认真地吃饭、慢慢地吃饭，要享受吃饭的时间。

作业故事

有很多人看到今天的作业会有疑问："老师，我以为你的书是一本育儿书，怎么会有'爱自己的身体'这个作业呢？"因为我为很多家长做过咨询，我发现育儿的终极问题，总是家长自己的问题。家长自己的问题是通过孩子的问题表现出来的，当然也有些问题会掩盖在孩子的问题之中。我们很多人会觉得有了孩子之后，自己各方面的状态都变得很不好，如身体、情绪、精神等。但是，一切为了孩子的信念会让人一直支撑着，虽然我们很累、很烦、很需要休息，但是我们会一直坚持下去。这就会导致问题一直存在，没有解决途径，因为你一直在透支自己养育孩子，导致育儿的过程很辛苦，付出感占据了情绪的大部分。其实孩子并不需要家长的付出感，你的付出感还会让孩子产生压力。

我就遇到过一位有这样经历的爸爸，他说起母亲在他上中学的时候为了照顾他，放弃了自己的事业，虽然母亲的身体不够好，但是为了照顾他一直在付出。现在他的妈妈身体更不如同龄人。说到这里，他眼里有泪，他虽然很感激妈妈这样对他，但是他宁愿妈妈照顾好自己，而不是一味地照顾他，他一直觉得很有压力，同时对妈妈的身体状况不好有愧疚感，觉得这是自己的责任。所以，孩子并不需要你竭尽全力地去爱他，他并不享受这种爱。

心理解析

过度付出是家庭养育中常见的问题。很多人把对孩子的过度付出理解成爱，因为爱，所以就愿意为孩子付出很多。但是过度付出背后隐藏着家长并不健康的心态。过度付出背后必有期待——期待在自己过度付出之后，孩子会更好、更聪明、更健康、更优秀。当孩子不能满足家长的这种期待时，家长就会非常愤怒：我已经做了这么多，你怎么还是这个样子？过度付出并不是孩子的需要，只是我们把这种行为强加给孩子，使之看起来像是孩子的需要而已。

妈妈过度付出，孩子往往会表现出黏着妈妈不放。妈妈一边埋怨孩子不独立，一边享受孩子对她的这种需要。因为不管你承不承认，付出会让人有存在感、价值感，而这些才是家长真正需要的。要想好好爱孩子，让孩子真正毫无负担地接受来自父母的爱，我们应该把重心放到自己身上，先好好爱自己，把自己照顾好，才会有更多时间和精力照顾好我们的孩子。而爱自己最基础的改变就是爱自己的身体。爱自己，做自己，才有能力爱别人，才能允许别人做自己。

家长反馈

• 反馈1

老师的作业，让我认真地审视了一下自己以往的生活。我发现我真的是太不爱自己了，尤其是身体。我从没有因为身体不舒服而休息过，除非实在病得起不来床了，我会因为这个客观原因请假。在我的主观认知里，不会因为身体不舒服而请假，结果我发现我的多数抱怨都来源于这个原因。比如，我看到老公因为身体不舒服请假在家休息的时候，我表面上嘘寒问暖，但实际上挺生气的，一个大男人，这么点儿小毛病就在家休息，这也太小题大做了吧。我不允许别人爱惜自己的身体，因此会发生很多矛盾。另外，对于孩子，我也有类似的经历，有一次，因为一件非常小的事情，我对儿子发了很大的火，事后很后悔，这么大的怒火到底是哪来的？现在我终于明白了，当时我很累，但是一直坚持陪孩子学习，孩子有一道题做不出来，我的怒火就来了——我都这么努力付出了，你为什么还不优秀，这么简单的题都不会做？！这是一种自然而然就升腾起来的反应。

• 反馈2

看到这个作业，我想哭，因为30多年来我几乎没有吃过早饭。不知道为什么，我总是因为各种各样的原因挤压和压榨我的早饭时间。我真的太不爱自己了。今天早晨，我特意到了星巴克，要了一份早餐，坐在靠窗的餐桌前认真吃起来。我知道我错过了很多，因为我不够爱自己，所以，我也没有认真地爱闺女，我甚至会忽视闺女的早餐。现在闺女上小学三年级，我似乎在她身上看到了我的影子。因为常年不吃早餐，胃病一直困扰着我，所以我决定以后无论如何，我都要吃早餐。爱自己，从认真吃早餐开始。

NOTES

作业日志

今天的作业是否完成：

作业日志

✔ 作业感受：

第 26 天
悦纳自己

作业

今天要认真地对自己说："你很好，你很美，我爱你。"

我们一直渴望得到别人的认可和欣赏，但是我们一直对自己不够满意，从来没有真正认可和欣赏过自己。太胖了，太矮了，脸太大，皮肤太黑……可是，这才是独一无二的你，你每天这样暗示自己，真的很糟糕，不如从今天开始，好好爱自己。抽出1分钟时间，认真看看镜子中的自己，微笑着欣赏自己，并且认真地说出："你很好，你很美，我爱你。"

作业故事

我的上一本书《接纳，给孩子一个好性格》面世以来，就不断有读者问，如果什么事情我都接纳孩子，他是不是就更不知道自己有问题了？他的毛病什么时候才能改掉呢？这反映出一个问题，就是我们认为批评才能使人进步。但事实恰恰相反。

我曾经让讲座现场的爸爸妈妈体验过这样一种情境：让一位妈妈站到讲座现场的讲台上，然后面对观众站好。我开始不断纠正这位妈妈存在的问题，比如：站在台上，请你挺胸抬头；请你目视前方；请你不要大笑；请你双手自然下垂。随着我的不断纠正，这位妈妈越发手足无措，不知道该怎么站。我现场采访她的感受，这位妈妈说："我很紧张，很焦虑，不知道该怎么办。"一个成年人在别人的不断纠正下，不仅不能做好，内心反而更加紧张、焦虑。这就是与我们的教育初衷相违背的。

那么，我们该怎么做到接纳呢？还是以这位站上来的妈妈为例，如果我们说"现场这么多人，就你勇敢地站到讲台上来了，你还真有勇气"，这位站上来的妈妈就会多一份自信。我们可以接着说："自从站上来之后，你一直目视前方，看着台下的观众，这样就会非常镇定而自信。”你会发现，随着你的不断接纳，对方会越发自信，而你想达到的结果，自然而然就达到了。

我们做到接纳他人、接纳孩子并不容易，原因就是我们不曾想过、不曾得到过的东西，是没有能力给出去的。所以，接纳孩子、接纳他人的前提是接纳自己，不要总是挑剔和苛责自己。

有一位妈妈向我咨询孩子的问题，说孩子在家各方面情况还好，但是在外面就不愿意跟别人打招呼。妈妈跟孩子沟通，想让孩子改掉这个毛病，她看了很多育儿方面的书，就对孩子说：“妈妈知道你不愿意跟其他人打招呼，但是打招呼是有礼貌的行为，你应该学会打招呼。”孩子听了妈妈说的有所改变。另外，孩子在幼儿园里有时候跟老师不能好好相处，不听老师的话。孩子有时候吃饭也不好好吃……妈妈还想继续跟我说孩子的诸多问题，我打断了她：“这位妈妈，请问你到底想问我什么问题？”这位妈妈继续把她的问题陈述了一遍。我纠正她说：“你看了很多育儿书，你能跟孩子说‘妈妈知道你不愿意跟其他人打招呼，但是打招呼是有礼貌的行为，你应该学会打招呼’这么专业的沟通语言，并且孩子还有改变，就说明你是一位非常用心的妈妈。你的问题不是如何解决孩子的问题，我相信孩子的所有问题，你都有办法解决。你真正的问题是，为什么觉得孩子有那么多问题？为什么你那么焦虑，不相信自己？”妈妈沉默了，眼里闪着泪花。我分明看到了一个不断苛求自己、苛求孩子的妈妈。

心理解析

人的可贵之处在于不断成长和改变，但是任何改变都需要很强的动力和能量。悦纳自己是对自己的一种肯定，会增加改变的力量。批评和指责是在否定自己，会降低人的力量。所以，每天对自己说“你很好，你已经很好了”，这是对自己的肯定，会给我们更多的信心，会减少我们的焦虑，也会降低我们对孩子的焦虑感，真正做到接纳孩子。一个不会悦纳自己的人是难以快乐的。生活中，我们往往对自己有着不恰当的评价，这对个人的健康成长是不利的，也容易使人产生自卑感。

如何才能做到真正悦纳自己呢？要认识到每个人都不可能是完美的，都有各自的长处和短处。每个人都是独一无二的。改变自己从原生家庭中带来的不合理的心理逻辑，将注意力转移到自己身上，不期望别人为自己改变。自己才是自己问题的答案，努力改变自己。接受自己有不称职的父母的事实。接受自己童年不愉快的经历和悲惨的记忆，从而改变自己潜意识中的改造梦想。适当地表达愤怒，尊重自己的愤怒，并带着这种情绪和引起你愤怒的人沟通和交流，而不是压抑自己的愤怒，听任它进入自己的潜意识，伺机爆发。无条件地接受自己，肯定自己的价值，感到愉快和满足。坦然地承认自己的不足之处，克服缺点，不断完善自己。

家长反馈

说实话，我一开始看到这个作业时挺想笑的，我不相信这样的作业对我养育孩子有什么好处。让我对着镜子中的自己说“你很好”，这真的挺难。我有些难为情，当我鼓足勇气说出这句话时，心中竟有很多委屈的情绪，似乎是长久以来我欠自己这么一句话。后面再说这句话的时候，就更自然、更顺畅了。

我也看到了我对家人的态度发生了变化，因为我是一个很爱干净整洁的人，所以家里人吃饭的时候，我是很紧张的，我不断对孩子说，小心点儿夹菜，别掉在桌子上，别撒在衣服上，甚至老公也在管束之列。有一天，看着家人吃饭，我脑子中突然冒出一句话，“这样很好”，突然觉得家人在一起吃饭，把饭菜掉在桌上，这本身不是什么大事，我不断提醒他们，让所有的人都不能自在吃饭，是一件很傻的事情。我紧张的情绪也随之减少了，这是我没有想到的。我会继续努力，认真完成作业，这种放过自己、放过别人的感觉很好。

NOTES

作业日志

✓ 今天的作业是否完成：

作业日志

✓ 作业感受：

第27天
重视自己的感受

作业

今天要跟随自己的意愿勇敢地说出“不”。

爱自己就要重视自己的感受，很久以来，我们为了别人难为自己，以至于我们不知道自己要做什么，想做什么。尊重自己、爱自己要从尊重自己的感受开始。所以，今天要勇敢跟随自己的意愿说出“不”。其实你逐渐会发现，当你越来越关注自己的时候，你不必向外苦苦追寻，很多你想要的东西都能被你吸引来。因为你足够爱自己，你充满爱的样子能吸引很多美好的东西。

作业故事

我遇到一位向我咨询的妈妈，她说自己很爱学习，关于教养孩子的讲座她都会去听，但是听来听去，她发现有很多专家的观点并不一样。比如孩子哭了家长该怎么做的问题，有的专家说，要让孩子知道哭是没有用的，如果孩子哭，就不理他，孩子不哭了才理他。有的专家说，孩子哭是有原因的，即使你不知道是什么原因，也要安慰孩子。结果她听的课越多，自己就越不知道该怎么做。我说：“你自己内心最想怎么做？”她回答不出来，因为她那么热爱听讲座，就是要寻找权威人士告诉她怎么做。一个成熟的成年人应该知道，任何专家的话都是用来启发我们的思考，丰富我们的知识，而不是用来盲从的。如果我们总是盲从一些人，盲从一些事，本质上是我们不知道自己要做什么，缺少自己的想法，或者忽视自己的想法，那么问题就大了。

后来这位妈妈给我讲了她小时候的事情。她说，她从小就是个懂事的孩子，得到亲朋好友的一致好评，所有的亲朋好友都夸她乖。但是，她跟我说自己最大的苦恼，就是她的乖。从小周围人夸她乖，以至于她有所谓不乖的想法，自己都觉得是一种罪恶。比如，朋友们想去逛街，即使她并不想去，还是会顺应大家的想法，勉强自己去。比如，从小妈妈就夸她懂事，从来不乱要东西，以至于现在她买东西的时候会犯选择焦虑症，一个声音说："买吧，挺好的。"一个声音说："你是不是在乱买东西，你不乖。"也许没有过相同经历的人无法理解她的苦恼，但是她的苦恼是真实存在的，甚至是无法突破的。在重视自己的感受这节课上，她哭了，她觉得自己太委屈，同时觉得完成这个任务很难。

心理解析

人的健康心理发展过程是由内而外、由己及人的，万万不能反了。一个小孩子从一出生，最重要的目标就是成长为一个独立的个体。身体的独立和心理的独立同样重要，而我们家长往往会更看重孩子的身体独立。孩子学习走路，我们排除一切可能的障碍，让宝宝不磕不碰地练习走路。几乎所有的家长都知道，让孩子学会独立行走，就要保证孩子的安全，适当帮助孩子排除阻挡孩子走路的障碍物，孩子能很快学会走路。当孩子走路走得平稳了，孩子再去学习如何躲避危险，如何关注周围环境，别碰别人，别碰危险物品。这是孩子身体健康独立发展的步骤，相信没有人不是这么做的。

但是回过头来看看，我们是如何关注孩子心理健康独立发展的？10个月的宝宝不高兴，把手里的东西扔掉了，家长要批评他脾气太大，不可以这样；一岁半的宝宝就要学习分享，把自己的东西分享给别人，宝宝不高兴，也要挨批评；两岁的宝宝要安静地等待，不能等，家长就着急，就要批评他。我们太着急了。孩子自我还没有发展好，我们就要求他们去关注别人；孩子饿了、累了、烦了，就是想要妈妈、爸爸，但是家长就是觉得他们该等一等，理解忙碌的妈妈和劳累的爸爸。这就相当于孩子还没有走稳，我们就把他放在荆棘丛生的路上，结果就是孩子充满恐惧，不敢走路。即使披荆斩棘走过去，心理上也伤痕累累。

尊重孩子的感受，就是要在孩子心理发展的过程中，帮助孩子排除障碍，让孩子的心理健康发展。当孩子心理健康独立发展起来，再让他去关注他人，去关爱他人，才是正确的道理。没有按此规律成长的成年人，也需要重新认知，并不断地调整自己。只有先关注自己的感受，才能健康地进行人际互动，才能真正关注到他人。

家长反馈

今天我在家看书，中途感觉口渴，但看得又在兴头上，不舍得放下书去取水杯，然后整个人就拧巴起来，也没办法专注看书了。我现在想起来都不知道为什么。最后生理需求赢了，我有点儿气愤地把书扣在地上，然后去饮水机那里猛灌了一杯水，回来继续看，一直到该接孩子放学的时间才离开窗前。

突然就有点儿感慨，平日里这种为难自己、拧巴的事情没少做！只觉得人生就是会有各种纠结和抉择困难，生活就是不可能尽如人意。对自己是，对孩子是，对爱人也是，我在内心对他们是有挑剔和不满的。但是，明明我喝完水后心情就好多了，甚至感觉天气都变得更好了。所以，大多数时候，我那些犹豫和拧巴都是毫无意义地给自己设置障碍，也许就是老师说的，根本没有去遵从自己的心意，没有尊重过自己，明明想怎样，就是不去做，还给自己找了一堆理由和借口。感谢老师的这个小作业，能让我在今天刻意地觉察自己是否遵从自己的心。

NOTES

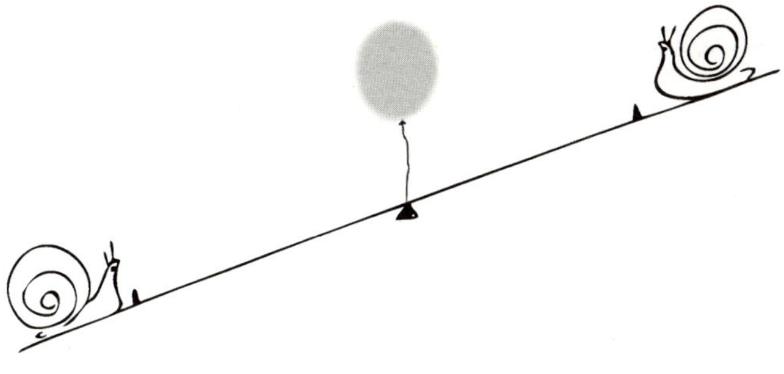

作业日志

✓ 今天的作业是否完成：

作业日志

作业感受：

第 28 天 停止自责

作业

今天要停止自责。

爱自己，从停止自责开始，这是非常重要的。如果我们总是告诉自己“你已经很好了”，那么我们就是充满力量和希望的，无论发生什么，我们都能轻松应对。如果我们一直觉得自己不够好，就很难改变，因为不停地自责会让自己力量尽失。所以，今天开始停止自责，因为责备并不能让自己变好，责备只会让自己感觉糟糕而已。要在头脑中清除“我不行”“我不好”“我能力不足”“我不能应付这种情况”这些自我否定和自我责备的想法。

作业故事

关于今天的作业，我们细细地想一想，这个世界上为什么有那么多喜欢自责，嫌自己不够好的人？似乎很难理解。但是，我们知道人类做事一般是有两个动力趋向的，一个是因为能得到快乐，另外一个是能回避痛苦。显然，不断自责虽然不会让自己得到快乐，但是不断自责的人能通过自责来回避痛苦。

最典型的案例就是祥林嫂了，她一遍又一遍地向人们诉说她的不幸，一遍又一遍地不断自责。我们看不懂祥林嫂这样做的目的，但是她通过这样的方式来缓解内心的不安、焦虑和恐惧。自责这种逃避痛苦的应对方式，来源于幼年无能为力的状态。

心理解析

既然自责是一种快速逃避痛苦的应对方式，那为什么我们的作业是停止自责，而不是学会自责呢？

首先，自责本质上并不能真正解决问题，而是快速、简单地应对压力，逃避痛苦，这并不是积极解决问题的态度。其次，自责表面上回避了冲突，逃避了痛苦，同时也会给自己带来更大的痛苦。比如，有些人明明没有做错什么，习惯性自责会失去为自己辩解和争取的机会，内心会很委屈。而且动不动就自责会影响自信，做事失去主动性。有一位妈妈，很能干，是公司里的高级工程师，可是极不自信。她对自己的要求很高，总是处于弥散性的焦虑状态，不能放松。任何一件事情没有做好，她总是在想自己错在哪里，为什么会出错。这种状态一直持续，直到有一天又有一个大项目出现的时候，就如压垮骆驼的最后一根稻草，她承受不了，向公司提出离职申请。公司的领导非常惊讶，觉得她做得挺好的，为什么要辞职呢？因为她内心很痛苦，习惯性自责给了自己很多的压力，后来经过分析，她也认识到了很多压力都是她自己给自己加的戏，实际并不是她的错。所以，喜欢自责的人，内心是很拧巴的，一方面承担了很多不属于自己的责任，自然压力和委屈都很大；另一方面也因为自责的特性，习惯放弃，不能主动解决问题。

家长反馈

今天的作业是“停止自责”。说实话，在做今天的作业之前，我一直没有意识到自己会习惯性自责，这让我很惊讶。早晨一起床，涌入脑袋里的第一个念头是："晚醒了20分钟，定的闹钟也没有听到，我是怎么回事呢？今天恐怕要迟到了，真糟糕。"实际上，我一醒就起床了，因为抓紧时间出门，我并没有迟到。从地铁口出来，一个骑自行车的人差点儿撞到我，我下意识躲开了，脑袋里冒出一句话："我的天，我竟然没有好好看看周围环境，我这么大的人了，怎么还这么莽撞呢？"全然没有注意，明明是那个骑自行车的人的错，他不该在行人走的地方骑自行车，更不该骑那么快。这个时候，我突然意识到，我真的是个习惯性自责的人。因此，我会有莫名其妙的压力感，而让我感觉特别不好的地方在于，我怕听到四岁的孩子说："妈妈，抱歉。"听到这句话，我很心疼，也很紧张。因为我非常担心孩子是个喜欢自责的人。

今天，我意识到了问题的根源在于我并不喜欢自己，一遍又一遍不自觉涌入脑子里的念头，在一遍又一遍地否定自己。而这种状态也影响到了我对孩子的看法，我必须改正，脑子里再冒出"我不行""我很差""我怎么就没想到"这些念头的时候，我就去打断它。期待我的慢慢改变。

第 29 天

放下恐惧

作业

今天要放下恐惧。

爱自己，从放下恐惧开始。我们许多人总是喜欢编故事吓唬自己，使自己的情绪状态越发糟糕。我们把一点儿小事想得很严重，总是把事情往最坏的方向想，吓得自己没有片刻安宁。活在对没有发生的事情的恐惧念头中，而错过了每一个美妙的当下时刻，这是一种可怕的生活方式。从今天开始改变，觉察到任何恐惧都是你自己编的故事，而不是真实发生的。

作业故事

这个作业源于一位家长的咨询，她说她的女儿胆子非常小，在外面跟小朋友玩，总是会因为各种原因哭哭啼啼。比如，在一些公共场合，孩子玩得很开心，但是有别的小朋友过来一起玩，拿了她正在玩的玩具，她就会停下来，甚至有时候很不高兴，哼哼唧唧地想让妈妈帮她把玩具拿回来。我问这位妈妈："那你通常会怎么做呢？"妈妈说："我当然不会帮她要玩具，要想玩，就得她自己去要。她不愿去就会哭，她一哭，我就非常恼火。""小孩子发生这种情况也很正常啊，你为什么那么恼火呢？""因为这么点儿小事她都不能自己解决，何况我还在她身边，她遇到问题就知道哭，以后我不在她身边，她到了社会上，还不得一直被欺负啊！"

这位妈妈反馈的情况就是自己吓唬自己，让自己越来越担心，一直恐惧。而事实是什么呢？孩子在公共场合玩得少，遇到别人争抢玩具这种情况，不知道该如何处理。因为孩子在家里都是家人陪着孩子玩，或者孩子自己玩，没有人会争抢孩子的玩具，而到了公共场合，没有人会去配合孩子，发生争抢是再自然不过的事情。有经验的孩子就会抢来抢去，或者先不玩这个，去玩别的。没经验的孩子就会紧张，不知道如何处理。我们成人认为“把玩具抢回来”是件轻而易举的事情，但是对于没有经验或者经验少的孩子，这就是天大的事情了，只能求助于妈妈。而妈妈这个时候看不到这样的事实，内心就开始加戏了——她胆子怎么这么小？她为什么不能像别的孩子那样自己解决这个问题？她一直这样下去，以后肯定会是个受别人欺负的孩子，这该怎么办啊？

原本这件事情解决方案很简单，无非是多带孩子到公共场合玩，跟小伙伴多玩玩，孩子遇到困难，妈妈可以带着孩子一起去解决，让孩子看到妈妈的示范行为，这个问题自然会慢慢调整好。但是如果妈妈内心这么想这件事情，事情就会往另外的方向发展：“这个孩子胆子这么小，我必须锻炼她，让她自己解决，可是每次锻炼都没有用，就知道哭哭啼啼，胆子小倒也罢了，哭哭啼啼像什么样子，我不能让她哭。她在我身边更容易哭，是不是爸爸陪孩子陪得少，她才这样的，以后我不能一直陪着了，得让爸爸多陪她。”大家试想一下，如果这样想，这件事就变得复杂而没有头绪，妈妈越来越恐惧、焦虑的情绪，会增加问题的难度，会传递给孩子。孩子本来到公共场合和小朋友一起玩的机会就少，这样不愉快的经历，会让孩子越发不喜欢去公共场合。经验少，不会处理同伴之间的关系，问题就会凸显出来。而家人的情绪也会更糟糕，一遍又一遍地加深恐惧，问题更加无解。

心理解析

“问题（困难）不是问题，如何应对问题才是问题。”这是萨提亚家庭治疗理论中的经典治疗信条。一个问题或者困难出现了，很正常，面对事实，找到解决方案，执行解决方案，直到解决问题。在这个过程中，不要给自己加戏，放大恐惧吓唬自己。

写到这里，我想起俄国作家契诃夫的短篇小说《小公务员之死》，记叙了一个小公务员在剧院看戏时不小心冲着一位将军的后背打了一个喷嚏，便疑心自己冒犯了将军，他三番五次向将军道歉，最后惹烦了将军，在遭到将军的呵斥后，他竟然一命呜呼了。小说用夸张、讽刺的笔调反映了当时俄国社会的极端恐怖所造成的人们扭曲的性格及变态的心理。这种心理恰恰在我们很多看起来很正常的成年人身上也不同程度存在，遇到状况，自己吓唬自己。

活在恐惧中的人，都是给自己加戏，是自己吓唬自己的人。这样做轻则解决不了问题，让自己活在恐惧中；重则逐渐让心理障碍加重，无法正常解决问题。所以，遇到问题或者困难，应该秉承着不加戏，一次解决一个问题的态度，逐步解决。

家长反馈

今天的作业是“放下恐惧”，我开始并不理解这是什么意思，但是认真学习后，我意识到自己其实一直是活在恐惧中的人。原来我以为这是我的优点，遇到事情，我思考得比较周全，多思必然多虑。所以，一件事情发生了，我就开始自己给自己加戏，陷入恐惧的思考模式中。周六，邻居家孩子来我家玩，我发现邻居家孩子比我家孩子小，但唱歌比我家孩子好，我就坐不住了，周日就一定要给孩子报一个音乐课程。我觉得是我耽误了孩子，遗传因素不占优势，又没有给孩子好的启蒙教育，所以立刻决定给孩子报个音乐素养的学习班。甚至家人和老师说孩子还小，可以再等等时，我都听不进去。如果没有这个作业，我可能不会意识到自己有什么问题。

在认真完成这个作业的过程中，我开始意识到这个问题，回想起自己从小到大的成长中，因为没有能歌善舞的本领，内心有隐隐的自卑，总觉得自己不够好，甚至将自己目前不如意的状态都归因于自己的音乐素养不够好，就是这种恐惧驱使我做了这个决定。分析完，我觉得稍微好些了，似乎没有那么大怨气抱怨家人了。我以后会继续做这个作业的。

NOTES

作业日志

✓今天的作业是否完成：

作业日志

作业感受：

第30天 赞美自己

作业

今天要发自内心地赞美自己一句：“你很棒。”

爱自己，请把赞美自己变成习惯。指责摧毁内在的灵魂，赞美则可以塑造灵魂。请重新认识你自己的力量，不要轻视自己。请从小事做起，告诉自己，你很棒。改变从行动开始。

作业故事

为什么“我不够好”是一切问题的根源呢？因为当你觉得自己不够好的时候，你会有一种难以掩饰的惶恐不安，这种惶恐不安会驱动你做任何事情来改变这种状态。比如，发脾气，控制别人；比如，紧张，更加胆小怕事；比如，管控孩子，让孩子做得更好，来消除自己的惶恐和不安；比如，因为自己不安，就无限放大孩子身上出现的状况，造成更大的不安。所以，我们最该做的功课就是让自己内心丰富而自信起来，只有慢慢地感觉自己足够好，才会对周围人放下指责、抱怨和攻击。教育的本质就是自我的成长，而赞美自己是最简单、最有效的方法。

赞美自己真的这么有效吗？我可以给大家讲一个故事，故事是关于一个叫珍妮的小女孩的，她一直觉得自己长得不够漂亮，因此总是因为自卑而默默地习惯性低着头。有一次，珍妮在饰品店买了一个蝴蝶结，佩戴后受到店主的赞美。珍妮很高兴，不由得昂起了头走进教室，老师夸她昂起头来真美。那一天，她得到了许多人的赞美，她以为是蝴蝶结的功劳，是蝴蝶结使她更美丽，可是照镜子一看，头上根本没有蝴蝶结，一定是走出饰品店时与人相撞而弄丢了。但后来的珍妮确实变得活泼开朗，也愿意主动与同学打招呼，学习成绩也有了很大的提高。这个故事让我们知道了，赞美给了珍妮力量，让她更自信，让她成为更好的自己。一个小小的改变会带来巨大的变化。

心理解析

赞美自己就是要努力发现自己身上的优点。有很多人，当你真心赞美他的时候，他会非常不好意思或者拒绝承认，因为他从来没觉得这是他的优点，他或者觉得人人都会这样，或者觉得这种能力并没有什么用。比如，我见过一位妈妈，她非常干净利落，尽管是有孩子的家庭，家里依然井然有序、干净整洁。我由衷地感叹：“你真了不起，有了孩子家里还这么整洁，你怎么做到的？”她不以为意地说：“没什么，收拾干净后注意保持就可以了。”我说：“要做到这样，你要付出时间收拾，同时对家里物品归类摆放收纳能力很强。有了孩子，你还能做到如此，孩子的秩序感和好习惯很容易培养。这是很了不起的能力啊！”听完这些，这位妈妈有些不好意思地笑了，可以看出她从来没有想过自己如此优秀。我们要养成在自己身上发现优点的好习惯，这并不是盲目乐观，并不是阿Q精神，而是重新认识自己的开始。

家长反馈

• 反馈1

听到今天的作业，我的内心是很抗拒的。我觉得一个人如果把赞美自己当成作业来完成是很幼稚的，但是在努力完成作业的过程中，我发现了不同。我觉得幼稚的行为，实际上是我很难完成的，我要认真赞美自己的时候，竟然有羞愧感。我觉得自己没有什么好的地方，没有值得赞美之处。这个发现让我很惊讶，也许这就是我不自信的根源吧。感谢这个作业，让我认识到了自己的问题。

• 反馈2

以前我对自己的认知并不全面、客观，通过做这个作业，我开始认真地审视自己。我惊讶地发现了自身的很多优点，从很不习惯夸自己，到现在开始认真地看自己，由衷地赞美自己，我真的越来越自信了。在这个过程中，当我把关注点放在自己的身上，越来越自信的时候，我对孩子的管控也放松下来了。通过这个作业，我逐渐理解了自己是一切问题的根源，包括我所焦虑的孩子的问题，都是因为我觉得自己不够好。赞美自己的作业，我会努力做下去。

NOTES

作业日志

今天的作业是否完成：

作业日志

✓ 作业感受：